新时代教育高质量发展书系
XINSHIDAIJIAOYUGAOZHILIANGFAZHANSHUXI

用一辈子的时间准备一堂课

避免课堂失误的50个细节

刘　静◎著

中国大百科全书出版社　　知识出版社

图书在版编目（CIP）数据

用一辈子的时间准备一堂课：避免课堂失误的50个
细节 / 刘静著. -- 北京：知识出版社，2020.5
（新时代教育高质量发展书系）
ISBN 978-7-5215-0129-2

Ⅰ．①用… Ⅱ．①刘… Ⅲ．①小学语文课—课堂教学
—教学研究 Ⅳ．①G623.202

中国版本图书馆CIP数据核字(2020)第015784号

用一辈子的时间准备一堂课：避免课堂失误的50个细节　　刘　静　著

出 版 人	姜钦云
出版统筹	张京涛
产品经理	郭文婷
责任编辑	易晓燕
特约编辑	田荣尚
装帧设计	吴　丹
出版发行	知识出版社
地　　址	北京市西城区阜成门北大街 17 号
邮　　编	100037
电　　话	010-88390659
印　　刷	北京一鑫印务有限责任公司
开　　本	710mm×1000mm 1/16
印　　张	14.5
字　　数	175 千字
版　　次	2020 年 5 月第 1 版
印　　次	2023 年 3 月第 7 次印刷
书　　号	ISBN 978-7-5215-0129-2

定　　价　　40.00 元

序

　　教育是关乎千家万户的事业，任何一个社会，都需要教育思想的引领。时代在变，教育也在变。然而，变中也有"不变"，所以，我们要对教育进行哲学的思考，只有搞清楚了哪些需要变，哪些不能变，才能真正做好教育。而教育的本质是什么，什么是好的教育，理想的教育是什么样的，这些最基本的教育问题应是教育哲学思考的源头。只有弄清楚这些最基本的问题，我们才能找到正确的方向，办出有质量的教育。

　　教育是培养人的事业，是一个通过培养人让人类不断走向崇高、生活更加美好的事业。因此，教育最重要的任务是塑造美好的人性，培养美好的人格，使学生拥有美好的人生。如何达成这样的目标？那就需要一批有理想、有情怀、有追求、有实干精神的校长和教师，用自己的青春和智慧去践行。而在现实中，也确实有这样一群人，他们热爱教育事业，关爱每一个学生，一步一个脚印，用脚去丈量教育，用心去感受教育，用智慧去点亮教育。

　　如何将这样一群人聚在一起，用他们的智慧去影响更多的教师？

　　中国大百科全书出版社、知识出版社策划出版了"新时代教育高质量发展书系"，进行了可贵的探索。他们在全国范围内汇聚了60名优秀的教育工作者，这些教育工作者大多是扎根教育一线的优秀校长和教师。书中的经验、实践、体会和思想，既有教学的艺术，也有管理的智慧；既有育人的技巧，也有师德的弘扬；既有教师的发展思考，也有校长的成长感悟；既有师生关系的融通之术，也有家校关系的弥合之道。60本书，60个点，每一个点都是一门学问，一门艺术。

我今年给"新教育"的同人写过一封新年信，题目是"让教育沐浴人性的光辉"，从三个方面对教师的工作提出了建议。我也把这三条建议送给这套丛书的作者和读者朋友。

一是要善待我们自己。要珍惜时间，张弛有度，让人生丰盈；发现教师职业魅力，做一个善于享受教育生活的人；培养健康的爱好，做一个有生活情趣的人；与学生一起成长，做一个在教育过程中不断进取的人；不断挑战自我的最高峰，做一个创造自己生命传奇的人。

二是要善待学生。要把学生作为一个真正的人看待，让学生能够张扬自己的个性，发挥自己的潜能，成为更好的自己。在我们教室里的学生，首先是活生生的生命。我们应该从生命的角度考虑，首先是如何帮助他成为一个人，一个有理想、有激情、有智慧的人，一个能够适应社会并且受人欢迎的人，一个挖掘自身潜能、张扬不同个性的人。

三是要把教育的温暖传递给社会。许多问题，归根结底是教育的问题。尽管我们任何一个人，作为个体的力量都是有限的，但是，再渺小的个体，也能够温暖身边的人。所以，我们要让所有和我们相遇的人，都能够感受到我们的美好和温暖，这也是让人与人之间，让全社会变得更美好、更温暖的有效方式。

有人性的人是明亮的，有人性的教育是光明的。让教育沐浴人性的光辉，我们的今天将会更加幸福，我们的明天将会更加美好，我们的世界将会因此璀璨。

是以为序。

朱永新

2020 年 5 月 1 日

目　录

第一章

课堂细节的审视与思考

一、 师生间的沟通

以学科知识为中心的教学观念常常把学生和知识分离开来，认为知识相对学生来说是外在的，学生学习的目的就是要把外在的知识化为己有，但是想要掌握外在的知识是有难度的，这就必须发挥教师的作用。教师首先要对知识进行加工，然后传授给学生。这样，教师对知识的加工程度就直接影响到学生对知识的接受、吸收和消化的程度。因而，人们的目光聚焦到教师身上，教师则想方设法对知识进行精细加工，突出重点与难点，理清逻辑关系，运用各种方法与技巧，准确明白地把知识传授给学生，学生在教师的细致讲解之下，就可以较为容易地吸收和消化知识。于是就出现了这样一种观点：谁能把知识讲授得最清楚、最明白，谁就是最好的教师，教学过程就是教师与学生之间的一种授受过程，教师只有清楚明白地讲授，才有利于学生清楚明白地接受。

用现代教学理论来分析，上述观点存在着许多问题，其中最主要的问题就是教学活动中师生之间缺乏沟通与交流，教师的主导地位稳固，而学生作为知识的接受者，却难以发挥主体作用。

要想真正实现师生之间有效、高质量的沟通，就必须建立教学过程中民主与平等的师生关系。如果师生之间的关系不是民主与平等的，而是一种权威与服从、支配与被支配的关系，那么有效、高质量的沟通也就无从谈起。沟通与交流的过程也是一个分享的过程。在沟通的过程中，师生双方分享彼此的智慧与情感，交流彼此的思考、见解、知识、经验，最终实现教学相长。

【案例】

小白兔过桥

在语文实验教材第一册的拼音单元里，有一道复习题叫"我会讲"。题意在于让学生看图讲故事，以综合训练学生的观察、思维、表达能力。图片色彩鲜艳，形象生动，学生们非常感兴趣。图中的主人公是一只要到河对岸上学的小白兔和对面要过桥来摘桃子的猴妈妈、猴宝宝，双方都必须通过仅容一人通过的独木桥，于是，矛盾出现了：怎么过桥？是兔让猴先过，还是猴让兔先过？

无论谁先过，我想：成人，心中肯定有一把尺子在衡量，即"谦让"。但学生小组中的讨论情况并不全是如此。有好几个小组讨论得热火朝天，面红耳赤。好奇心驱使我成为其中的一员。学生高昊、白一皓很兴奋地告诉我，双方谁也不用谦让谁。在我诧异的目光之下，小组的学生争着向我解释。他们认为：猴妈妈只需担着她的筐子走到桥中间，小猴和小兔分别跳入就近的筐子，待猴妈妈担着筐子转身 $180°$ 后，小猴与小兔就分别到了桥的另一头，这样不费吹灰之力便可轻松过桥。学生的想法顿时令我激动不已，我忽然觉得学生们真是太聪明了，我有点望尘莫及之感……我想，这节课对于学生来说，是一次难忘的回忆。对我来讲，却是一次深深的触动。孩子们不仅知道要谦让，更懂得想方设法地去解决难题。孩子眼中的世界确有独到之处，他们的许多见解极富独创性，常令我们这些成年人耳目一新。作为教师，我们有责任保护这些思维的幼苗，多从学生的角度思考问题，感受他们的思维过程，从而更容易理解他们奇妙的思想火花。

二、让学生学会学习

传统的教学对单纯的知识教学极为重视。教师教学是教知识，学生学习是学知识，学校考试是考知识，结果使教育走入了知识中心的误区，仿佛有了知识就有了一切。实际上，知识并不能代表一切，知识也不一定就能改变命运。在当今时代，单纯以知识为中心的教学与强调培养人的创新精神和创新能力为主的教育要求很不一致。

20世纪末，联合国教科文组织成立了"国际21世纪教育委员会"。1996年该委员会向联合国教科文组织提交了一份名为"教育——财富蕴藏其中"的报告，明确提出21世纪的教育必须围绕学生的四种基本的学习能力来重新设计，即强调学生应"学会求知、学会做事、学会合作、学会发展"，这份报告成为21世纪各国教育改革和发展的重要文件。"四个学会"的核心是强调培养学生的学习能力，而排在第一位的就是学会学习、学会求知。

有人曾形象地说："拥有了知识，只是拥有了过去，因为知识代表的是历史；只有掌握了方法，才是真正地拥抱明天。"我国《基础教育课程改革纲要（试行）》中明确提出了"知识与技能，过程与方法，情感、态度和价值观"的"三维"课程目标，"教会学生学习"因而也成了新课程所追求的重要教学理念之一。

人们常说："教师要给学生一杯水，自己要有一桶水。"按照"教会学生学习"的教学理念，这个说法或许会引导教学走入一个误区。教师要给学生一杯水，自己就要有一桶水，如此推论，即使教师有更多的水，也可能满足不了学生日益增长的需要。真正意义上的教学，是教师要教会学生"找水"的本领，当学生需要水的时候，除了跟老师要水喝，他还有办法自己找到水。

【案例】

一个小学生的作业

一次我在办公室与同事聊起了中小学的教学问题。同事说他的女儿在河北省实验小学读五年级，最近语文老师布置了一篇作业，让人感觉挺有意思。我问他是什么作业，他说老师让孩子写一篇不少于1500字的介绍北大荒的文章。孩子说网上资料很多，要在家查资料。我感到好奇，于是也上网搜寻，果不其然，网上资料十分丰富，关于北大荒的地理、资源、环境、生态、人文、历史等资料无所不有，这就使我不禁思考：老师为什么要布置这样一篇作业？要介绍北大荒就要了解北大荒，但学生如何才能了解北大荒呢？是的，办法有很多，可以问父母，可以与同学交流，可以去图书馆查资料，可以上网搜寻。但不会使用图书馆怎么办？不会上网怎么办？这就要学习，学习使用图书馆，学习使用网络资源，学习与他人交流；图书馆和网络资源十分丰富，孩子就要学会选择、学会取舍；搜集到手的资料要学会分析、学会利用；要根据资料理清思路，要根据资料和思路进行写作。而所有这一切是什么？我明白了，是学习的方法和学习的能力，学生完成作业的过程是真正意义上的学习，老师是在通过作业教学生学会学习。我相信孩子需要帮助，我也相信在成人的帮助下孩子一定能够完成作业，作业的结果并不重要，重要的是完成作业的过程，重要的是在过程中孩子能够掌握许多真正有价值的、对其一生都有用的求知方法。

三、教学资源意识与教学资源开发

"平淡课堂"问题是教学中最普遍的一个问题。一堂课讲下来，教师该完成的任务完成了，教学活动的组织、各个教学环节的安排、知识与问题的讲解分析都比较顺利，没有什么明显的问题，看起来这是一堂顺利的课；但仔细品味，总觉得有些平淡，没有营养，不够深刻。其直接原因是教师的讲解往往局限于对教学内容的平面化解读。那么为什么有的教师经常会不自觉地出现这一问题呢？其中的原因很复杂，但最为主要的就是教师在课堂教学中缺乏教学资源意识，缺乏有效的教学资源的支撑，思路展不开，分析深入不下去，从而导致了课堂教学表面上顺顺利利，实际上平平淡淡甚至索然无味。

现代课堂教学强调教学的有效性，因而也特别强调有足够的教学资源进行支撑，这需要解决两个方面的问题：

一是教学的资源意识。现代教师教学，必须具有较强的教学资源意识。资源是教学的必要条件，是对教师课堂教学的有效支撑，没有教学资源支撑的课堂，极有可能是平淡的、低效的课堂。从一定意义上讲，谁占有了丰富的教学资源，谁的教学就有了可靠的支撑和保障。这正如我们写文章，只有拥有了丰富、翔实的材料，才有可能写出好的文章。

二是教学资源开发能力。资源是宝贵的，它不会主动走到我们面前，这就要我们去寻找、去发现、去开发，也只有我们用心开发的资源，才是真正属于我们自己的，我们才能真正地熟悉它、了解它，才能更有效地利用资源，为自己的教学服务。那么，资源开发都有哪些要求呢？

（一）树立正确的课程资源观

教师要树立正确的课程资源观，首先应该认真解读新课标，明确改革的目标和任务，重建自己对课程资源的认识。什么是课程资源？广义的课程资源指有利于实现课程目标的各种因素。按其功能特点，可以分为素材性资源和条件性资源两大类：素材性资源作用于课程并成为课程的素材和直接来源；条件性资源包括作用于课程的人力、物力、财力、时间、设备和环境等，它不是课程本身的直接来源，但是在很大程度上决定着课程的实施范围和水平。按照空间分布的不同，可以把课程资源分为校内课程资源、校外课程资源和网络课程资源。

树立正确的课程资源观，教师要改变对课程资源即教科书的认识。新课程不再是文本课程，而应该是体验课程。以前教师对课程资源开发利用的价值认识不够，认为教科书就是课程资源的全部，从而忽略了课程资源的多样性。从本次课程改革的目标来看，教师要改变过去学生"死读书，读死书"的学习方式，加强课程内容与现代社会、科技发展以及学生生活的联系。要想引导学生主动参与、探究发现、交流合作，就必须开发利用校内外一切课程资源，为实施新课程提供条件。事实上，课程资源是丰富的、大量的、具有开放性的，它以其具体形象、生动活泼和参与性强等特点，给学生多方面的信息刺激，调动学生多种感官，激发学生兴趣，使学生身临其境，在愉悦中增长知识、提高能力、陶冶情操，这是传统教科书所无法代替的。如果说以前"教科书是学生的世界"，那么现在教师在课程建设过程中，要努力做到"世界是学生的教科书"。

正确的课程资源观还包括教师自身角色的转变。教师应该成为学生利用课程资源的引导者，而不仅仅是知识的传授者。在学生的学习过程中，教师应引导帮助学生走出教科书，走出课堂和学校，充分利用校内外各种资源，在社会的大环境里学习和探索。同时，教师还应当成为课程资源的开发者和利用者，充分挖掘各种资源的潜力和深层次价值，提高资源利用率。教师必须具有创新地运用教育教学资源的能力，必须发挥主动精神和自身潜力，才能适应新时代教育的需要，才能实现新课程设定的教育目标。

（二）整合各类资源

课程资源开发和利用的基本原则是：高效、协调与共享。为了最大限度地合理使用课程资源，教师首先要优化课程资源结构，追求最优化的多元化资源配置。除了教材资源以外，教师还可以充分利用图书馆、实验室、电视电影、录像、直观教具和实物、多媒体光盘资料、各种形式的网络资源、报纸杂志等基本的设备及资源进行整合。教师还要重视开发和利用其他有助于教育的社会资源，如社区资源、家庭资源等，以丰富的教育活动形式和内容，推进课程的多样性和开放性，拓宽教育视野，促进正规教育和非正规教育的有机结合，使学生增强学习兴趣。

在获得多元化课程资源后，教育的艺术就重在如何整合各类资源，使其优势互补，达到最佳教育效果。因为教师可以对课程资源进行鉴别、开发、积累和使用，所以教师对于哪些教育资源可以成为课程资源、哪些课程资源可以进入课堂转化为现实的课程要素起着决定性作用。教师要始终根据学生的能力培养目标，在实施过程中对各类资源进行再加工、研制和开发，以一种整合的眼光重新看待课程和教学。既要做到不浪费一切可利用资源，又要避免流于形式，缺乏层次性和实效性。

（三）对教材进行再加工、再创造

课程资源只有进入课堂，与学习者发生互动，才能最终体现课程资源的价值。因此，作为课程实施主要途径的课堂教学活动，无疑在课程资源开发和利用过程中起着不可忽视的作用。教材不是唯一的课程资源，但是教材仍然是最主要的课程资源，是课堂教学的核心材料。教师对教材的使用将直接影响教学效果。

按照新课改和新课标倡导的"用教材教，而不是教教材"的教材观，教师在使用教材时应当依据学情、教情和校情，对教材资源进行合理的调整。统一的教材难度与各学校学生的实际水平不可避免地存在一定差距，缩小这一差距的方法就是对教材进行再加工。如果学生基础较好，教材内容偏易，学生吃不饱，应该进行补充；如果学生基础较差，教材过重，应该删减；如果教材内容、活动或练习题不太合适，教师可以根据实际教学需要进行替换；如果教材中有一部分内容与现实生活中正在发生的事情相连或为了便于讲授目前部分，在延续性和难度等方面没有太大问题的情况下，教师还可以对教材内容的顺序进行适当的调整，以便取得更好的教学效果。另外，由于客观条件的差异、学生现有水平的差异以及具体教学实际情况的差异，有时教材推荐或建议的教学方法不一定适合实际教学的需要，在这种情况下教师还可以调整教学方法。

教师对教材的再加工、再创造正是因材施教原则的体现，是根据学生身心发展水平、认知特点而确定的。所以教师应根据课程的要求，对学生的需求和水平进行深入了解，对教材进行分析，挖掘教学内容的内在联系，并遵循教学规律，结合自己的教学条件和教学环境，对教材进行整合，从而创造性地完成课程标准中提出的教学目标与任务。

一般来说，比较有针对性的教学资源的开发主要有四个方面：

第一是相关书籍、报刊中的教学资源，也就是我们通常所说的文本资源。这一方面需要教师结合教学内容去寻找自己所需要的资源；另一方面是养成平时阅读的习惯，资源是我们教学的财富，而财富就需要平时一点一滴的积累。

第二是网络资源。随着现代网络技术的发展，网络教学资源越来越丰富，已成为教师寻找、开发教学资源的主要途径。对于现代的教师来讲，如果不善于使用网络资源，必然会受到较大的局限。

第三是学生的资源。学生的思维、观点、经验、差异等，本身就是极其宝贵的教学资源。忽视学生自身的资源，不仅会直接影响到教学的效果，而且从某种意义上说明教师的教学观和学生观存在一定的问题。

第四是课堂上即时生成的教学资源。这种资源不可预知，但随时都有可能发生，这需要教师运用好自己的教学智慧，才能有效地把握它，使用它，而且利用好这种资源往往会收到意想不到的教学效果。有人形容这叫作"难以预约的精彩"，但实际上这种精彩虽然难以预约，也绝不是凭空发生的，它肯定是有条件的，因而也一定是有规律的。

同时，教师开发和积累教学资源的过程，是一个发现问题、提高认识、拓展思路的过程；是一个在感知和认识教学资源的过程中，进一步加深对教学内容理解的过程；是一个与教学资源对话和自我反思的过程。因此资源不仅是课堂教学的支撑材料，也是教师自身专业发展的许多因素得以滋养和发展的重要基础。

四、教学实践中的经验基础

现代建构主义教学论认为，人对知识的掌握不是被动地接受，而是通过自己的经验主动建构的，教学的目的是促进学生在经验的基础上主动建构知识，而不是复制知识。教学只有建立在学生经验的基础上，才能有利于学生主动地建构知识，并获得对知识的深刻的理解与把握，才能感受到知识真实的价值，激发对学习生活的兴趣。

学生是以完成学习任务为主要责任的人，但也是生活在现实社会中的人。在日常的教学活动中，学生的生活空间基本上被限制在学校、教室、家庭三点连线式的狭小范围之内，在学校是以教室为中心开展以学习为主的活动，回家以后是以家庭为中心进行知识的复习与练习，很少有机会接触自然，深入社会，体验真实的社会生活。生活空间的限制，也就是经验的限制，失去了宽广的生活空间，也就失去了丰富的经验与体验。

与现实的教学实践相联系，如果强调学生的经验是教学的基础，那么在日常的教育教学活动中，要特别注重以下几个方面：一是拓展学生的生活空间，把丰富学生的经验看作学习活动的重要组成部分和重要基础，让学生的学习始于课堂，走出课堂，融入真实社会，获得丰富而真实的经历与体验；二是开设综合实践课程，把它作为学校课程重要的有机组成部分，注重挖掘和充分利用各种课程资源，丰富和充实实践活动的内容；三是加强教学的改革，以学生的经验为基础，注重知识与学生经验的联系，重视学生的经验在学生学习过程中的作用；四是教师要参与和指导学生的社会实践，在参与中指导学生，在指导中拓展学生经验的深度与广度，增强体验的真实感和有效性，在共同的活动中加深对学生生活与经验的了解；五是深化考试改革，注重考试的内容与形式，要亲近学生的体验、贴近学生的生活、联系学生的经验，注重考查学生利用基本知识分析解决实际问题的能力与水平。

五、探索差异教学

强调尊重学生的差异，实施差异教学，对许多教师来说，接受这种观念并不困难，但由于思想与现实之间的差距相对较大，因此在实践层面上落实差异教育是比较困难的。

世界上没有完全相同的两个人，因此学生之间是有差异的。从教师的认识和实践体验来讲，他们对这一点是认同的，但观念上的认同和实践上的操作经常是不一致的。具体地讲，教学实践在起点上是承认学生的差异的，但在终点上，又往往用统一的要求、统一的尺度来衡量和评判所有的学生，即在终点上是否定差异的；而这种终点上对差异的否定，又往往导致教学过程之中对学生差异的否定，因而教学实质上很难有真正意义上的差异教学。差异性教学的缺失，可能是教学中最明显的问题之一。

教学的基本组织形式是以班为单位的集体教学，这种教学的组织形式从诞生之日起，就伴随并且固化着集体教学和个体差异教学之间的矛盾，这种矛盾是客观存在的，是无法回避的。但单纯重视集体教学，忽视个体差异教学，实质上就是回避矛盾，回避的结果正如目前我们面对的现实一样，没能很好地解决矛盾，使矛盾双方的对立长期存在，教学始终难以取得突破性的进展。

随着社会的进步和教育的改革与发展，差异教学的问题引起了社会普遍的关注，人们已经认识到只研究集体教学，忽视差异教学的研究，是教学研究的重大缺失。因此，差异教学问题成为当今教学研究和教学改革的核心问题之一，应当说是在历史的总结与反思中所取得的一大进步。

但是，研究是不能脱离实践的，教育和教学从本质上来说，是一种实践的智慧。也就是说，如果没有教师在差异教学实践上的突破，也就不可能有真正意义上的重大突破。所以，我们强调差异教学的观念与意识，鼓励教师积极探索和实践差异教学。

请看下面的案例：

【案例】

一位教师的差异教学探索

课堂教学的每一个环节，从理论上来说，都应该关注学生的差异。在实践中，我们也应该朝着这个方向努力。

一是在具体的要求上体现差异。1. 在对学生发出指令时，在数量上有不同的要求。如：选择你喜欢的题目做一做，学生有时间能做几道就做几道。请你用圆规在纸上画两三个圆。2. 在思维难度上给学生提出不同的要求。如要求学生完成一个探究活动，有些学生有独立探索的能力，但有些学生茫茫然不知如何入手，教师就可以为学生提供必要的帮助。可以是悄悄话，可以是书面辅助材料（如果研究有困难，看一看下面的话可能会对你有所帮助），也可以是个别辅导。

二是在探索解决问题的方法上体现差异。1. 在解决问题时，对学习有困难的学生要重视行为操作，多用实物与直观，而对优秀生则要有一定的抽象度。如20以内进位加法，有些学生在一定的时间内都需要依赖摆小棒。2. 要引导学习有困难的学生建立解决某一类数学问题的思考程序，而对于优秀生而言则可以简缩这个过程。例如，教授两位数减一位数退位减法时（如：$54-8=40+14-8=40+6=46$），可以让学习有困难的学生建立如下基本程序：一看，看个位的数够不够减；二分，被减数分成几十和十几；三减，十几减几；四加，几十加几；五写，写上答案。又如把一个较大数改写成用"万"或"亿"做单位的数，可以让有需要的学生建立如下基本程序：一看，看是改成用"亿"做单位，还是用"万"做单位；二找，用四位分级的方法找到万位或亿位；三点，点上小数点，点在万位或亿位后面；四去，去掉小数末尾的零；五写，写答案（单位）。3. 对于优秀生来说，要讲求解决问题的多样化，强调选择最优化的方法，解决问题的速度与灵活性；对于学习有困难的学生而言，应该使其关注与掌握一般的普遍适用的方法，也可以只掌握一种方法，只要能解决问题就行，对于速度与灵活性方面不做具体的要求。例如计算467+199，对于一般的学生而言，掌握把接近整十、整百、整千的数看成整十、整百、整千，多加了要减，少加了再加，这并没有多大的困难；但对于一些学生而言，要让他无中生有出一个整十整百的数来很困难，甚至不可能，所以教学应该允许这些学生用多位数笔算加法的法则来计算。

学生是有差异的，这种差异无时无刻不存在，教学不是为了消灭差异，也不可能消灭差异。世界上没有两片相同的树叶，人与人之间的差异是客观存在的，这种差异也是社会多样化的需要。教学应该在承认差异是一种需要的前提下，不断地寻找差异教学的实施策略，促使不同的人在教学上得到不同的发展。

六、注重情感教学

传统教育教学中，情感的流失是一大问题。《人民教育》2001年第10期曾发表文章《教育如何面对心理学的研究成果》，其中写道，学校是伴随绝大多数人长大成人的一个重要的空间。多少年来，我们努力使它成为学生的乐园。但是，1.6万余学生样本的调查表明，无论是小学还是中学，学生一年比一年更加不喜欢学校环境和学习活动。有58.9%的学生选择"假如我可以不上学的话，我会不去上学的"。这说明已有近2/3的学生对学校的生活缺乏情感或失去兴趣。还有一项对初中辍学生的调查，证明学生辍学的原因是多方面的，但是大部分的辍学生是在面对家长提供的"可以继续上学读完初中，也可以现在就不上学"的选择时，选择了辍学回家的。

这个调查也发现了一种很令人费解的现象，一些在某一学科成绩优秀，很有发展潜力的学生，当被问及将来是否愿意报考大学的这一专业或将来从事这一专业的研究时，相当一部分学生的回答是否定的。一位专家在谈到人才流失的问题时说，我们注意到了人才的地域性流失，但对人才的专业性流失也要警惕。许多学生在中学就是某一学科的尖子，考入大学、读研究生，甚至出国深造，但若干年后，他们居然舍弃自己的专业另谋出路，说到底，是他们没有真正的专业情感。

有一些教师，学生从来没有上过他的课，甚至是刚刚开始学习他所教的学科，可没过多长时间，学生就对其所教的学科失去了兴趣，甚至对教师本人也缺乏情感。究其原因，是教师在日常的课堂教学中忽视了情感因素，没有重视情感教学。

苏霍姆林斯基说过："情感是教学丰富的土壤，教师的教学应根植于这片土壤上。"现在，情感教学已经引起了教师的普遍关注，关于情感教学的典型案例越来越多，请看下面这个例子：

【案例】

一位教师的情感教学资料

去年，我到一所高中听课，一位年轻的语文教师讲授李煜的《虞美人》，听罢感受万千，尤其是课堂上那种感情的浸染，叫人欲哭无泪，欲恨折肠。对于听课，我有较深的感受，听名家讲名篇，是一种享受；听不同的名家讲同一名篇，可谓回味无穷，受用无比。

这位老师虽不是名家，但课讲得还真有点名家的感觉！听完课后，我主动找这位教师谈心，主题就是关于情感教学的问题。最后，这位老师送给我一份教学资料，并告诉我，受这份资料的影响，他为这节课准备了好长时间，最后才有如此的教学效果。看了这份资料，我体会到这位教师关于情感教学的认识高度，现转录于此，与大家分享。

教学资料：评李煜词《虞美人》

《虞美人·春花秋月何时了》这首词大约作于南唐后主李煜归宋后的第三年（公元978年）。《五代诗话》（卷一）中《蓉槎蠡说》一文里写道："'小楼昨夜又东风'歌声未毕，牵机随至。"牵机是指毒药，从这里我们足以看出这首词是致李煜于死地的直接原因之一。

在这首词中，李煜通过凄楚中不无激越的音调和曲折回旋、流走自如的艺术结构，以问开始，以答结束，由问天、问人而到自问，使作者自己沛然莫御的愁思贯穿始终，形成沁人心脾的美感效应，同时表达了作者自己对故国的思念之情。

这首词的起句以问的形式劈空而下，似乎有点没头没脑。其实这一句蕴含的感情十分深沉。由于作者李煜是南唐后主，在位时花天酒地，后来南唐灭于宋，李煜当了俘虏被囚禁起来。昔日的荣华富贵变成了今日的冷落孤凄，这种经历使他厌倦岁月的周而复始，冲口道出了"春花秋月何时了"这样的幽怨之词。

词的第二句"往事知多少"从字面上看上去，与第一句"春花秋月何时了"好像没什么联系，但从感情上，与第一句表现的感情互为因果。年年月满，岁岁花开，前途茫茫，苦无出路，回过头看看自己的过去，反过来更增添了绝望的哀愁。

词的第三句"小楼昨夜又东风"，从感情的脉络来说，与词的第一句"春花秋月何时了"隔句相承。做了俘虏，屈辱地过着"日夕只以泪洗面"的生活，使李煜对一切都失掉了兴趣，根本不想看到伤情的"春花秋月"了。但是，春风不解人意，偏偏又吹到他住的小楼上来挑逗，月色偏偏又照到了小楼上来拂动他的情思。春风明月依旧妩媚，这给眷恋帝王生活、多愁善感的李煜增添了多少烦恼！

词的第四句"故国不堪回首月明中"与"往事知多少"一句内容上似乎有矛盾——痛苦已使词人害怕回首往事，可偏偏又要回首往事，这确实矛盾！这只有从情感上去体会，去把握，才可理解。回忆往事是痛苦的，但痛苦的现实又迫使自己不能不去回首，这恰恰表现了李煜此时此刻这种无法摆脱愁苦心绪和无可奈何的情境。

词的下阕第一、二句"雕栏玉砌应犹在，只是朱颜改"，雕栏玉砌等等这些都引发了作者对物是人非的惆怅，衬托出他囚居异邦之愁，在这里用以描写由珠围翠绕的南唐后主一变而为长歌当哭的阶下囚的作者的心境，是真切而又深刻的。

词的最后一问一答的两句"问君能有几多愁？恰似一江春水向东流"，这两句是这首词的灵魂所在，这两句是以水喻愁的千古名句，含蓄地显示出愁思的长流不断，无穷无尽。这道词能引起读者的广泛共鸣，在很大程度上，正有赖于结束的这两句富有感染力和象征性的比喻。在这两句词中，作者将愁思写得既形象化，又抽象化，但是作者并没有明确写出他愁思的真实内涵，即怀念昔日纸醉金迷的享乐生活，可作者在词中表现的仅仅是它的外部形态，也就是"恰似一江春水向东流"。这样人们就很容易从中抽取某种心灵上的呼应，并借用它来抒发自己类似的情感。因为人们的愁思虽然内涵各异，却都可以具有"恰似一江春水向东流"

那样的外部形态。比如在抗日战争时期，国土沦丧，民不聊生，不少仁人志士低咏"问君能有几多愁？恰似一江春水向东流"，就说明了这种情况。

由于形象往往大于思想，所以李煜这首词能在广泛的范围内产生共鸣，而得以千古传诵，也是情理之中的事了。

从整体上来看，这首词一会儿写眼前景物，一会儿抒发眷恋过去的感情，句与句之间又好像处处出现矛盾。但是我们只要把握住它的感情基调，理出感情的脉络，就不难理解了。它表达的思想感情在最后两句点出来了，无论是写过去还是写现在，都是为了抒发词人像春水一样无穷无尽、连绵不断的忧愁。它从头到尾贯穿着一种感情——"愁"。

李煜所抒发的是亡国之君的个人哀愁，这种个人哀愁谈不上有什么社会意义，但是有很强的感染力。特别是那些在生活中有不幸遭遇或者丧失某些美好东西的读者，很容易同词中表达的典型情感相呼应，引发出自己的愁苦之情。我们在阅读这首词的时候只要把握这首词的感情脉络，就能对它的艺术性做出正确评价。欣赏中感情活动是非常重要的，只有摸准艺术创作的感情基调，调动自己类似的情感体验，去体味它，才能获得更高更深的美的享受。

最后一句话最为重要，我把它修改一下，作为情感教学的感悟，与老师们共享：

教学中感情活动是非常重要的，教师只有摸准艺术创作的感情基调，调动自己和学生类似的情感体验，去体味它，才能获得更高更深的美的享受。

七、实施创生性教学

创生性教学就是追求创造、生成和拓展性的教学。受到传统教学习惯的影响，许多教师最容易出现的问题是缺乏创生性教学的观念和意识，没有全面、整体的课程目标观念，教学往往局限在单纯的"双基"（基础知识和基本技能教学）上，即便课堂上时间非常充足，教师仍然要在"双基"上做文章，甚至只是往返式的多次重复。

简单来说，创生性的教学，就是在保证"双基"教学任务有效完成的前提下，教师的教学能够充分发挥自主性和主动性，尽可能地使教学有效地创造、拓展和生成，使学生获得更深的感受、更大的收获。

教师实施创生性的教学，应有针对性地注意以下三个方面：

（一）利用教材资源实施创生性教学

在实施"双基"教学的过程中或"双基"教学任务完成之后，要进一步结合教材自身的资源进行挖掘与开发，开展创生性教学。教材中的一行文字、一个人物、一段语意、一种背景，画面中的一捧鲜花、一片绿地、一片天空、一朵白云，都是可以进一步挖掘、开发的创生性教学资源，只要创意科学引导有方、激发有力，都可以创造性、生成性地把学生带入一片崭新的天地，引入一种新的境界，激发一种昂扬向上的状态。除此之外，教师一定要注意克服单纯的学科主义和知识教学的局限，品德教育、公民养成、智力开发、情感陶冶、意志培养、实践锻炼、科学修养等等，都是任何一门学科开展创生性教学选择和发展的方向与目标。

【案例】

一个提问带来的生成

在实验区，我听一位小学一年级教师讲了《丁丁与牵牛花》一课。课文的内容大致是：老奶奶生病瘫痪了，躺在床上不能动，但她有一个心愿，就是想看一看外面的花草和树木。丁丁灵机一动，想出了一个办法，将牵牛花的种子种在阳台上，牵牛花慢慢地生根、发芽，最后在窗子上开出了美丽的牵牛花，老奶奶看了特别高兴，丁丁因此也特别高兴。

教师讲得很顺利，识字、阅读的"双基"教学任务很快就完成了，但老师不放心，还是让学生又朗读了两遍，算是进一步强化。教学还有时间，下一步该怎么办呢？我等待着，也担心着。

这时，老师非常自然、亲切地提出了一个问题："同学们，丁丁满足了老奶奶的心愿，你们说，丁丁这么做，是不是很聪明？"

"聪明！"同学们回答说。

"是的，丁丁是很聪明，但我想，我们在座的同学也很聪明，大家想一想，看谁有更好的办法，比丁丁更聪明的办法，满足老奶奶的心愿？"

就这么一个提问，课堂的空间便大了，课堂里很快充满着学生的想象、智慧、创造和生成……

（二）利用课外资源实施创生性教学

课外资源是对课内资源一种有效的补充和拓展，而且更加丰富与生动。教师一定要有资源意识和开发意识，教学本身就是一种开发和生成资源的活动。有效地占有和使用资源，教学才能变得更加丰满与充实，创生才会拥有更加广阔的空间。

【案例】

窗外的春雨

在实验区，我听实验教师讲了《春雨沙沙》一课。窗外一夜春雨，上课时仍然是小雨依稀，但教师依然是打开课本，教学生认生字，读课文。为体现课程改革的精神，还特别设计了以春雨为主题的几个活动，全然不顾窗外的春雨蒙蒙，以及浸润在蒙蒙春雨之中的万千景象。

课后问教师，为什么不利用外面难得一遇的宝贵资源？教师回答说，课前没有准备，上课时虽然意识到，但一时难以改变，只好按原计划上课。

我听后无语，难道教室里的几扇窗子，真能隔开窗外的春雨吗？

（三）运用教学中出现的即时性资源进行创生性教学的开发

上课是可以提前准备的，但教学过程中即时发生的各种问题与景象是无法预知的。强化资源的意识，充分利用教学中出现的各种即时性资源，创造性地开展教学，经常会使教学产生出人意料的精彩。

八、研究性学习

建构认知理论和教育心理学研究表明，学生亲身经历的学习是最有效的学习。瑞士著名教育心理学家皮亚杰认为："教育的真正目的不是增加儿童的知识，而是设置充满智能刺激的环境，让儿童自行探索，主动学到知识。真正的知识乃是通过儿童在环境中主动观察、探索、操弄得来的。"美国著名的数学教育家波利亚认为："学习任何东西最好的途径是自己去发现。"

20世纪60年代，美国著名教育心理学家布鲁纳提出了"发现法"，认为"发现不限于寻求人类尚未知晓的事物"，同时"包括用自己的头脑亲自获得知识的一切方法"。发现法对于学生而言，就是"发现学习"。布鲁纳认为，发现学习是在学校条件下，引导儿童从所见的事物的表面现象去探索具有规律性的潜在结构的一种学习途径。他强调："所谓学科的教学不是灌输作为结果的知识，而是指导儿童参与形成知识的过程。""探索是教学的生命线。"

同一时期，苏联教育家苏霍姆林斯基在《给教师的建议》一书中首次提出并界定了"研究性学习"，他认为，研究性学习是学生在教师指导下的一种主体性的独立认知、表达和操作过程。他说："在人的心灵深处，总有一种根深蒂固的需要，就是希望自己是一个发现者、研究者、探索者。"

1961年，美国教育家施瓦布在哈佛大学举行的纪念演讲会上做了题为"作为探究的科学教学"的报告，提出了"探究学习"并由此将探究学习定义为："儿童通过自主地参与获得知识的过程，掌握研究自然所必需的探究能力，同时形成认识自然的基础科学概念，进而培养探索未知世界的积极态度。"

"发现法"（发现学习）、"研究性学习""探究学习"等教育理论提出以后，在世界范围内产生了巨大影响，并迅速在许多国家掀起中小学教育教学改革的浪潮。从20世纪70年代后期开始，我国广大教育工作者在教学改革的实践中对"发现法""研究性学习""探究学习"做了较深入的实验和研究，形成了适合我国教育实际的许多好的教育思想和方法。步入21世纪，在教育部颁布的《国家九年义务教育课程计划（实验稿）》和《全日制普通高级中学课程计划（试验修订稿）》中，"研究性学习"课程被列为重要内容，是我国新世纪课程改革的一大亮点。

"发现学习""研究性学习""探究学习"在本质上有很大

的相同之处——以学生为主体，在教师的指导下，学生主动参与学习、探究过程，从中发现知识、获取知识、应用知识。但在教学目标、教学方法、学习途径等方面，它们又有许多不同。下面从教学语言和行为的角度，对基于"探究学习"和"发现学习"等教育理论的"探究发现教学"及"研究性学习"进行一些论述。

（一）探究发现教学

探究发现是教师创设教学情境（问题情境），引导学生通过自主探究，（模拟科学家）发现和理解知识、规律、结论、方法的教学形式。首先，探究发现是一种教学的指导思想，即在教学中以学生为中心，激发学生的兴趣，促使学生主动参与学习过程，通过探究和体验去发现、认识、掌握知识。其次，探究发现是一种教学方法，也是一种学习方式，即在认知理论和探究发现的思想指导下，形成的有效开展教与学的基本方法（模式）。

从广义上讲，探究发现是研究性学习的一种形式。探究发现法主要适合新知识、规律、性质、方法的教学，在理科教学中的运用较文科教学更为广泛。教学实践证明，运用探究发现法进行教学，既可以满足学生好奇心与探索本身的需要，又可以培养学生的学习能力和解决问题的科学方法，更重要的是可以培养学生的创新意识和创新能力。

探究发现具有灵活多样的教学形式，应包含以下主要环节：创设探究情境，提出问题，引导学生自主探究，探究交流，点拨与释疑等。

1.创设探究情境

兴趣是最好的老师，是学生自主学习、主动探究的内驱力，也是学生进行创新学习、形成创新意识的重要条件。学生对探究活动的兴趣、动机，是探究发现教学的前提。因此，教师必须依据教学需要，创设能够激发学生求知欲和发现欲，激发学生探究积极性、主动性的探究情境。在简明、新颖、贴切、有趣、贴近生活等原则下，教师可依据教学内容，运用实物、实例、模型、图表、故事、实验、多媒体音像资料和现代信息技术等手段，设计出猜想式、悬念式、问题式、实验式、需求式等多样的形式，把学生吸引到探究发现活动中来，让学生"身临其境"进入角色，产生主动参与、乐于探究的积极心态。

2. 提出问题

著名数学教育家波利亚强调："提出问题是解决问题的开始。"教师应结合探究情境和探究过程提出问题，特别是鼓励、引导学生大胆提出问题。探究发现开始阶段，教师提出一些问题作为指导和示范，学生可以仿照提问，逐渐培养学生的问题意识和提问能力，使学生从"不问"到"敢问，会问，善问"。

3. 引导学生自主探究

在探究发现教学中，教师应该依据认知"最近发展区"原理，将提出（教师通过情境提出或由学生提出）的探究问题或设计若干探究的台阶，或分解为若干个逐步递进的子问题，然后放手让学生去动脑、动手自主探究。针对探究问题，学生通过阅读、观察、实验、思考、分析、概括，去建立知识概念，去发现公式定理性质，去总结规律方法，去寻求推理证明，去寻找解决问题的办法。

教师要鼓励学生积极思考、大胆猜测，激励学生探究的兴趣和毅力，保证学生的探究时间和空间，防止不必要的插话，要把探究发现的机会和乐趣留给学生。让学生始终处在"提出问题——探究问题——解决问题（发现成果）"的氛围之中，变被动学习为主动学习，变"灌输接受"为"体验发现"。这是探究发现教学的中心环节。

4.探究交流

交流是主体意识形成的重要条件。学生在探究中与同伴讨论、交流，能摆脱权威的束缚，对疑难问题各抒己见，能毫无保留地展示自己的思维过程，并对他人的思维发表意见。要鼓励学生在交流中标新立异，另辟蹊径，发表独具卓识的见解。对于学生错误的思路和意见，不要"一棒子打死"，分析其合理的部分，剖析错误的原因。通过讨论、交流，学生之间互启互发、互帮互学、协作提高。讨论交流不仅在学生间进行，也可在师生间进行。探究交流对于培养学生表达能力、鉴别能力和协作精神也有很大的好处。

5.点拨与释疑

探究学习离不开教师的启发引导，而其关键又是点拨释疑，即教师针对教学重点、难点或学生提出的问题，对学生在探究过程中存在的知识、方法、思维和心理等障碍，进行有的放矢的点拨引导和解惑释疑，启发学生开动脑筋多方位多角度去思考与探究，展现探究思考的过程，寻找解决问题的途径和方法，帮助学生弄清问题解决的来龙去脉，使他们知其然还要知其所以然。对学生不能突破的疑难，教师应当场引导解决，对学生探究过程中的错误或失误，应及时引导学生进行剖析，使学生明白错误或失误的原因。点拨释疑重在方法与思路的引导，要使学生认识到探究发现并不是为哗众取宠而刻意标新立异，而应该建立在科学、可行、实效的基础上，使学生掌握一般的探究方法与技巧，学会提出问题，变更或引入辅助问题，进行观察、猜测、联想、类比，等等，并运用它们去探求知识，形成技能，发展探究能力和创新能力。

（二）研究性学习概述

在教育部颁布的《国家九年义务教育课程计划(实验稿)》和《全日制普通高级中学课程计划（试验修订稿）》中，明确提出了研究性学习和研究性学习课程的要求，高中规定研究性学习课程是必修课，周课时为3节，高中三年总课时数为288节。研究性学习课程作为一个独具特色的课程领域，首次成为我国基础教育课程体系的有机构成部分。

在《国家九年义务教育课程计划（实验稿）》中，研究性学习被定义为"学生在教师指导下，从自然、社会和学生自身生活中选择和确定专题或问题进行研究，并在研究过程中主动地获取知识、应用知识、解决问题的学习活动"。2001年4月，教育部印发《普通高中"研究性学习"实施指南》，指出研究性学习应有以下三个特点：一是开放性。主要指的是学习内容不是特定的知识体系，而是来源于社会与生活，因此涉及的范围广泛，可以是多学科综合，也不局限在课堂，从而形成一个开放的学习过程。二是探究性。主要指学习方式不是被动记忆，而是主动发现、提出和解决问题，自主探求结论的学习过程。三是实践性。强调理论与社会、科学和生活实际的联系，引导学生关注现实生活，亲身参与社会实践。关于研究性学习，近年来广大教育工作者进行了许多实验、探讨，需要实验、探讨的还有很多。下面仅从研究性学习的实施要点方面进行论述。

1. 研究性学习的类型与形式

就研究的课程内容而言，研究性学习可以分为三大类型：知识（问题）型研究、课题（专题）型研究和项目（活动）设计型研究。

知识（问题）型研究，比较适合课堂教学，实施模式和方法与前面论述的探究发现学习相类似。

课题（专题）型研究以认识和解决某一问题为主要目的，具体包括调查研究、实验研究、分析推理研究、统计研究、文献研究等类型。一项课题（专题）的研究性学习活动，可以属于一种类型，也可以包括多种研究类型。综合性较强的专题，往往涉及多方面的研究内容，需要运用多种研究方法和手段，更需要参加者之间的分工协作。这种研究性学习的形式适用于课内教学，也适用于课外学习，更多时候适宜于课内外相结合。

项目（活动）设计型研究以解决一个比较复杂的操作问题为主要目的，一般包括社会活动的设计和科技类项目的设计两种类型。前者如一次环境保护活动的策划，后者如某一设备、设施的制作、建设、改造甚至是创造、创新的设计等。这种研究性学习的形式一般适宜于课外进行。

课题（专题）型和项目（活动）设计型研究性学习，就组织形式而言可分为三种形式：小组合作研究，个人独立研究，个人研究与全班集体讨论相结合。

小组合作研究是经常采用的组织形式。学生一般由3~6人组成课题组，聘请有一定专长的成人（如本校教师、校外人士等）为指导教师。研究过程中，课题组成员各有独立的任务，既有分工，又有合作，各展所长，协作互补。

个人独立研究可以采取"开放式作业"形式，即先由教师向全班学生布置研究性学习任务，可以提出一个综合性的研究专题（问题或课题），也可以不确定范围，由每个学生自定具体题目，并各自相对独立地开展研究活动，用数天到数周时间完成研究性学习作业。

若采用个人研究与全班集体讨论相结合的形式，全班同学要围绕同一个研究主题，各自收集资料、开展探究活动、取得结果或形成观点。再通过全班集体讨论或辩论，分享初步的研究成果，由此推进同学们在各自原有基础上的深化研究，之后或进入第二轮研讨，或就此完成各自的论文。

2. 开展研究性学习的几个重要方案

为了使研究性学习顺利、有效地开展，教师除了把握好研究性学习的"探究性、实践性、开放性"三大特性外，还要注重运用下面的几个方法：

（1）激发与激励

激发兴趣、激励研究是开展研究性学习的基本前提，可以以教学目标的方式呈现，也可以以设置问题情境或活动情境呈现。它是为了激发学生学习的动机，唤醒学生学习的需要，并把其充分调动起来，以提高学生的研究性学习的积极性和持久性。

（2）民主

学生是研究性学习的主体，教学活动只有通过学生自己的学习研究活动才能实现，因此课堂教学需要民主、平等的气氛。教师在教学过程中，应该摆脱传统教学"权威"角色定位，超越"你"与"我"而成为"我们"，成为研究性学习的指导者和参与者，使教学过程充满民主的氛围和持久的活力。

（3）分层

不同的学生必定有不同的学习基础和不同的学习方式。针对不同层次的学生设计不同的教学与指导方案，根据教学内容的难易设计不同的研究学习方式，体现教师的主导作用。教师在教学内容中事先要考虑哪些内容适合学生自学领悟；哪些内容可以在学习内容的纵横方向上为学生提供命题或提供材料，让学生自己查找补充材料，进行对比、归纳、综合；哪些内容可以引导学生提出问题或课题在老师指导下自主进行研究探讨。

（4）问题

布鲁纳指出："最精湛的教学艺术，遵循的最高准则是让学生提出问题。"开展研究性学习正是以"问题"为重要载体，围绕问题的提出和解决，来组织学生开展研究活动。学生在解决问题的过程中，会涉及许多方面的知识，而这些知识的选择和运用完全以"问题"为中心，并呈现横向交叉的状态。而教材中各学科的知识往往也是按科学家发现、建构该知识的过程编排的，这些知识的排列是纵向的、线性的，靠一定的逻辑关系联系起来的。因此，在课堂教学中可通过问题性策略来引导学生展开研究性学习。上课伊始，教师要深入了解学生的心理，创设问题情境，利用趣味性去点燃学生探究的激情，激发学生的学习兴趣，使学生尽快进入一种好奇的境界，在头脑中形成多种疑问，从而进一步提出问题或课题，然后指导学生展开研究。

（5）指导策略

研究性学习强调学生的主体作用，同时，也重视教师的指导作用。在研究性学习实施过程中，教师应在不削弱学生的主体作用和自主研究的前提下，随时关注、了解学生的研究进程，并注意不断转变自己的指导方式。

3.知识型研究性学习的基本模式

知识（问题）型研究性学习，比较适合于新知识概念、性质规律、公式定理、思想方法的教学，实施模式和方法类似于前面论述的探究发现学习。

4.课题型和项目设计型研究性学习的主要环节

与传统课程和教学方法相比较，研究性学习更关注问题的提出、探究和解决。具体来说，课题（专题）型和项目（活动）设计型研究性学习课程的实施一般包括以下几个环节：

（1）准备知识背景

由于学生长期处在传统课程的教与学的方式之中，对研究性学习课程缺乏感性认识，要提高研究性学习课程的有效性，知识背景的准备这一环节是非常必要的。准备的内容包括：向学生介绍研究性学习课程的性质、目标、实施步骤、意义等，使学生有一个概括性认识；向学生介绍一般的科学研究方法；给学生开设科普讲座或一门短期的综合课程；介绍一些有关当前人类发展中普遍面临的问题，以开拓学生视野，诱发探究动机。

（2）确定课题

研究课题（项目）可以由教师指导提出，也可以由学生根据自己的兴趣、爱好、特长和家庭背景自主提出。较多的是通过师生合作，对选题的社会价值、学科价值和研究可能性进行判断论证，共同确定研究课题（项目）。一般来说，与学生生活、学习有直接关联的切入口小的课题较受学生欢迎且较易实施研究。

（3）组建课题项目小组，制订研究方案

每个课题小组（项目）一般以 2~6 人为宜，采取自愿结合、适当调节的建组原则和优势互补、分工合作的活动原则。课题小组确定后，要根据自己的课题（项目）制订研究方案，以保证研究活动的连续性和明确化。研究方案一般包括研究的目的、意义，研究的主要问题，研究的步骤和程序，研究的具体方法，等等。

（4）实施研究

学校和教师要给予学生一定的时间保证，创造必要的物质条件，并对学生进行操作方法和利用社会资源的指导。学生通过查阅资料、做实验、搞调查、走访专家、实地考察记录、体验学习等方式去收集有关信息。同时小组成员之间还要经常互相讨论、交流信息和研究，进一步完善研究方案。

（5）处理信息，形成研究成果

课题小组将收集到的原始资料、信息进行分析、整理比较、归纳、概括、类比、联想、猜测、推理，从中找出规律性的东西，得出研究结论，提出自己的见解形成研究成果，或通过构思设计，制作出创新产品、模型及其他成果。

（6）交流成果，总结反思

在教师的组织下，学生将自己的研究成果以小论文、图表、产品、模型、多媒体演示等不同形式展现出来；交流研讨分享成果，进行思维碰撞与交融，使认识和情感得到提升；对整个研究过程，包括研究方法的科学性和正确性，研究成果的质量和研究过程中的参与程度、合作意识、体验感受及其他方面的得失，进行全方位的总结反思，以获得更深一步的理性认识。

第 二 章

课前准备的细节

一、备课的意义

【案例】

场景一：教室里静悄悄的，学生们聚精会神地听讲，课堂活动进行得有条不紊。到了该讲故事的时候了，只见老师随手拿出了准备好的参考书，照着范本讲了起来，一会儿看看书本，一会儿看看学生，故事就这样讲述着……

场景二：离上课只有五分钟了，老师正在寻找着这一节课的教具。呀，昨天本来在家里准备好的青菜、胡萝卜等今天忘记带来了，怎么办呢？就用图片代替吧，赶快找一下……

亲爱的老师，您上课时发生过上述状况吗？您的课前准备充分吗？

当然了，或许由于教师平时工作繁重，不可避免有时会准备不足。但是，拿着书本讲故事，几件简单的教具都没准备，确实有些说不过去。

漫漫三尺讲台路，白笔黑板写春秋。自从我们成为一名人民教师，就跟备课上课结下了不解之缘。教师的生命因学生而美好，教师的生活因教学而充实。我们永远是用昨天的知识，面对今天的学生，培养明天的人才。怎样才能更好地完成历史赋予教师的任务呢？我觉得首先应该解决的问题是：备课。

提起备课，可能有的人会不屑一顾，因为这对于教师来说实在是太普通了，可是真要提高我们的课堂教学质量，真要让我们的学生在学习知识的同时能够形成相应的能力，就不得不重视备课这个环节。

在苏霍姆林斯基《给教师的建议》一书中，有这样一个故事：

　　一位有三十年教龄的历史教师上了一节公开课，课题是"苏联青年的道德理想"。区培训班的学员、区教育局视导员都来听课。课上得非常出色。听课的教师们和视导员本来打算在课堂进行中写点记录，以便课后提些意见的，可是他们听得入了迷，竟忘记记录了。他们坐在那里，屏息静气地听，完全被吸引住了，就像自己也变成了学生一样。

　　课后，邻校的一位教师对这位历史教师说："是的，您把自己的全部心血都倾注给自己的学生了。您的每一句话都具有极大的感染力。不过，我想请教您：您花了多少时间来备这节课？不止一个小时吧？"

　　那位历史教师说："对这节课，我准备了一辈子。而且，总的来说，对每一节课，我都是用终生的时间来准备的。不过，对这个课题的直接准备，或者说现场准备，只用了大约十五分钟。"

　　"对这节课，我准备了一辈子。"许多人都被这句话深深地震撼了。我们自己也是教师，每天都要备课，每天都要拿了教科书去课堂上课，可是我们为备课花了多少时间呢？学生成绩提不上去，课堂进度赶不上去，教学评估排不上去……面对种种问题，我们有没有想过原因出在备课上呢？

　　我们都上过很多节课，有时会感到一堂课上得很轻松，教师教得愉快，学生也学得愉快，这是为什么？因为我们备好课了，心中有数了。不备课能不能上课？也能上，有时候我们会有这样的感觉：这点知识还不好讲吗？小孩子还不好糊弄吗？可是课堂上会怎么样呢？在这样的课堂上我们的语言会干瘪生涩，我们的思维会如无源之水、无本之木，怎么教都觉得内容无趣乏味，怎么上都提不起精神，更别说调动起学生的学习兴趣了。

　　备课是一个再创造的过程，在这个过程中，教师不但要储备知识，还要从学生的实际出发，了解他们已有的知识储备，努力寻找能够激发他们学习兴趣的切入点。在对教材的把握上，首先要对本学科的基本概念正确理解，并能随时了解本学科理论前沿的动态和发展，始终把最新最科学的知识传授给学生，并善于将学科知识与现实社会、学生生活实际相结合进行教学。其次，教师还要具备基本的社会知识和生活常识，有相关学科领域的知识储备，并能灵活地把各知识点联系起来。因此，在我们走上讲台之前，不妨先问问自己是否真正备好了课。

二、深入研究教材

备课的本质是把课本知识转化成教学内容，教学内容与教材内容是两个不同的概念，将教材内容不经加工直接照抄到教案本上，这是绝对不可取的。教师必须深入研究教材，吃透教材，对教材的系统结构及内部关联做到了然于胸。如果只是泛泛阅读、一知半解就想驾驭全部教学内容，切实提高教学质量，这是不可能的。

苏霍姆林斯基说："教师越是能够自如地掌握运用教材，那么他的讲述越是情感鲜明，学生花在抠教科书上的时间就越少。"教材是教师和学生进行教学活动的基础材料，是教学信息沟通的中介媒体。钻研好教材是备课、上课，达成教学目标，完成教学任务的基础和前提。

想要吃透教材，首先要尊重教材。现行的教材是由教材专家、教研专家、教学专家经过反复推敲编写而成的。尊重教材，就要研究编排意图，就要理解材料背后所隐藏的丰富内涵。要做到字斟句酌，深入浅出。没有对教材的"深入"，就不会有课堂教学的"浅出"。

【案例】

苏教版五年级数学《真分数和假分数》一课中例2、例3是以学生对"分数单位"的理解为基础，通过涂色的操作，使学生经历假分数的产生过程，再说说涂色时的思考过程。让学生说清楚每个分数的分数单位以及各有几个这样的分数单位，从而帮助学生正确理解真分数和假分数的含义。有位老师是这样上的：要求学生动手操作，用涂色部分表示58、55、54、75、12、99、23、135，再让学生分类，结果学生用了20分钟才涂色完毕。浪费很多时间，没有收到预期的效果。原因在于：老师没有很好地理解教材。

优秀教师和平庸教师的最大区别就在于：优秀教师把复杂的内容教得非常简单，平庸教师则把简单的内容教得非常复杂。这其中的关键就在于对教材的研究深度存在差异；在备课的设计上，是用教材来"教"还是"教"教材。

其次，要科学地、灵活地、创造性地使用教材。科学灵活地使用教材，是指对教材进行学习化的加工，使教材本身承载着的思想、知识、情感、方法等功能都显现出来，变成学生易于接受和乐于接受的信息。不能教材有什么教师就教什么，教材怎么写教师就怎么讲。

【案例】

苏教版五年级数学实践活动中有"数字与编码"的内容。有位老师就把原来教材中的邮政编码改为身份证号码，在学生充分收集数据的基础上从四张身份证号码的辨别中引出新课：五年级数学（苏教版）"数字与编码"。

下面这些身份证号码可能是小明家哪些人的？你能说说你猜

测的理由吗？

A．442000194508245737　　B．442000197104195458

C．442000197202024226　　D．442000194907184823

要让教学内容对学生的学习充满吸引力和新鲜感，学习材料的现实性、趣味性和挑战性应是至关重要的。因此，教师在选择素材时要将视角更多地投向现实生活，努力去发掘那些存在于学生身边的同时又暗含着某种学科知识的实际问题，来构建学生学习的内容体系。

比如下面这道"已知一个数，求它的几分之几是多少"的六年级应用题：

人体内的血液占人体重的2/3，小明的体重是30千克，他体内的血液有多少千克？

人体内的血液占人体重的2/3，某举重冠军体重是130.5千克，请你猜一猜他体内的血液有多少千克？

再次，要改变教材的呈现方式。以数学学科为例，数学教材在没有进入教学过程之前，是静态的、抽象的。因此，我们在设计教学过程时，要努力将静态的转化为动态的，抽象的转化为具体的，应该把课本中的例题、讲解、结论等书面内容转化为学生能够亲身参加的活生生的数学活动——这些活动包括概念的抽象过程、公式的推导过程、算法的思维过程、法则的归纳过程、规律的概括过程等。这些内容的呈现方式，不是由教师说出来硬塞给学生，而是通过学生的观察、操作、感悟等一系列活动进行再创造而自己探索出来的。

三、全面分析教学目标

一堂好课必须有明确的教学目标。要有明确的教学目标，就离不开对教学目标的全面分析。

以九年义务教育六年制小学数学课本第六册"年、月、日"这一节为例，对这一节的教学要求是属于低等层的"认识水平"。因此，我们确定本课的学习目标为：

（一）通过学生自己探索，知道时间单位年、月、日，知道大月、小月、平年、闰年的知识，记住各月的天数和闰年的判断方法。

（二）通过观察、讨论、游戏活动、猜测验证，发挥学生探究能力、观察思考能力和创造力。

（三）借助网络教学，激发学生学习兴趣，使学生从小养成热爱科学、乐于学习科学的习惯，并接受一定的爱国主义教育。

仅仅有教学目标是不够的，还必须符合课程标准的要求，符合素质教育的要求，符合学生的实际情况，在知识、能力、情感态度、价值观等方面与学生的认知水平、心理特征、能力基础相适应，既面向全体，又关注差异，具有层次性和针对性。

下面我们来看一个优秀的教学目标分析案例：

【案例】

地球的震颤——地震

本节课属于北京市义务教育课程改革实验教材《地理》七年级上册，第二章"我们生活的地方——北京市"中第五节"地震的威胁"中的一段内容，包括"北京是地震多发区""地震的发生""防震和抗震"三部分。"北京是地震多发区"包括中国和世界地震带的分布和地震的危害，其中"地震的危害"是重点内容，"防灾减灾"是重点也是难点，要求学生通过教师提供的资料和小组协作学习、探究、讨论，能选择正确的方法在地震前、地震中、地震后保护自己，脱离险境。本节课要在教材的基础上进行深入探讨和拓展。

防灾减灾，作为普通的中学生能够做些什么，是我们这节课重点要研究和解决的问题。

教学目标分析

1. 知识与技能

（1）举例说明地震的危害，包括直接危害和间接危害；

（2）复述出地震的原因；

（3）能够区分可以避免的地震和无法避免的地震的类型；

（4）举例说明在地震的不同阶段（地震前、地震中、地震后）正确保护自己的方法。

2. 过程与方法

（1）以任务驱动的形式体验"猜测——试验并收集试验数据——分析试验结果"的探究活动过程；

（2）阅读文字资料、观看音像资料，思考、探究、协作学习，能够从相关信息中提取有用信息，并对信息进行归纳，使之条理化；

（3）在小组讨论交流中，能够清楚地表达自己，并能够学会对他人的意见进行评价和借鉴；

（4）当处于地震的不同阶段时，能选择正确的方法保护自己的安全；

（5）在与实际生活紧密相关的问题的探究解决过程中，增强对地理学习的兴趣。

3.情感态度价值观

（1）通过对可避免地震成因的分析，增强对环境、资源的保护意识；

（2）树立正确的防灾减灾意识，培养面对灾难时沉着冷静的态度；

（3）树立珍爱生命、关爱生命的观念。

一个好的教学目标至少要满足以下两个条件：

第一，从学生的角度出发，教学目标不应指向教师的教学行为，而应该以学生的学习结果作为体现的方式。同时，学生的学习结果也要具有一定的层次性，不能过于笼统、模糊。

第二，从教学目标本身的角度出发，教学目标要力求明确、具体。另外，教学目标要体现规范性、科学性、系统性和渐进性，既体现课程目标的要求，又反映当代教育科学和心理科学等的研究成果。各个单元或章节以及整个学科的教学目标之间既自成体系，又前后联系，逐渐递进。

向学生教授正式内容之前，先做好对教学目标的全面分析吧！

四、认真准备教案

一份以大连理工大学、东北财经大学等四所高校大学生为对象的调查问卷显示，超过65%的学生认为自己身边的老师不称职，应该变变样。"现在多数老师上课不准备教案，甚至常常连书都不拿。"在调查中，大三学生小孙颇有代表性地表达了他们的不满："我经常逃课，就是因为有些课实在太无聊。老师从不备课，上课照着教材低头念，实在学不到真正的知识！"

教师要上好课，真正尽到自己"传道授业解惑"的责任，首先就要做好充分的准备，把课认真备好。而编写教案则是备好课的重要内容。

教案是进行教学的基本方案，它体现了教学过程的计划性，是贯彻教学要求，提高教学质量的重要保证。编写教案的过程是进一步钻研教材，明确教学目标，考虑教学对象、教学内容与方法的过程。它可以使教学内容具有系统性、科学性和针对性。

教案的基本内容一般包括：

（一）课题计划（一篇课文或一章节内容的教学计划）。它包括：

1.课题名称；

2.教学目的与要求（包括教学与教育目的和要达到的要求）；

3.教学重点难点（重点与难点要明确分开写）；

4.授课类型及方法；

5.计划课时。

（二）课时计划（根据实际教学需要分课时写出计划，原则上每 2 节或 3 节写一个课时计划）。它包括：

1.教学要点及要求；

2.教学过程（包括教学内容，体现教学步骤及方法，实训、实践环节设计等）；

3.作业布置（应写明页数、题号及要求）；

4.小结（指上完课后在教与学方面的经验教训及体会等）。

对教案内容的基本要求有：

1.教学目的明确；

2.教学内容充实，科学性强，有先进性；

3.教学重点突出，难点明确，讲述有对策；

4.教学方法得当，有启发式考虑，有创新思想和创新能力培养的安排；

5.电子屏幕显示或板书设计得当；

6.教学进程合理，思路清晰，逻辑性强；

7.有课后小结。

教案的详略程度没有硬性规定，详细的可接近讲稿，内容周密全面；简单的可以拟成提纲，只要把教学的基本内容、方法和步骤体现出来即可，或详或略，可视具体情况而定。

教案是教师对所要讲的一节（或一次）课设计的教学方案，或理解为教师为所要讲的一节（或一次）课的指导思想和具体的课堂进程写的教学案卷。它的目的是使教师在上课前对所要讲的课有一个总体的和具体的规划，以保证课堂教学的质量达到规定的要求。教案的作者和读者都是自己，它除了可以督促教师制订讲课计划外，也可为教师在讲课的现场参阅起提示作用。

做一个让学生满意的老师，先从写好教案做起！

五、提升备课技能

提升备课技能，应做到以下几点：

（一）备好课标

课程标准是教师进行教学活动的指路明灯，在备课之前应该认真理解课程标准，为自己即将展开的教学活动找到方向和基础。课标对各个知识模块的教学目标以及教学建议进行了非常精辟的论述，同时，把整个九年义务阶段的知识点全部罗列出来，细细研读，便可轻易实现各个知识模块之间的联系与整合，对于备课可以达到事半功倍的效果。

（二）备好教材

教材是无数专家用心血与经验编写而成的，是课堂教学的一个载体。吃透教材是上好课的一个关键因素。教师拿到教材后，一定要先对本册教材的编写理念、编排特点及内容结构有清楚的认识，对整个知识体系有全面的感知，然后再针对上课内容进行具体解读。理解教材可以分五步：第一步初读课文，掌握全貌，疏通文字；第二步逐节细读，理解内容，抓好重点词句；第三步划分大段，理清思路和布局谋篇；第四步统观全文，了解意图，抓住中心；第五步结合实际，确定重难点和双基。教师在理解教材的基础上还可以创造性地使用教材，使之更加完善并具有更强的可操作性。

（三）备好学情

学生是学习活动的主体，一切教学活动都必须围绕这一主体进行，因而教师"教"的过程就是帮助学生"学"的过程。在准确理解教材的基础上，就要思考以下问题：什么样的学习目标适合他们？怎样帮助学生最快最有效地达到学习目标？具体而言，诸如哪些方法该让学生掌握；哪些知识该让学生自主发现、自我构建；哪些问题可让学生提出；哪些内容可让学生自主选择；哪些疑难可让学生自主解答，从而实现学习方式的转变；哪些地方学生的理解会浮于浅层，停留表面，学生可能需要点拨、引导；哪些地方学生可能偏离主题较远，需要及时拨转方向；哪些语言含蓄处、文本空白处、意境深远处、情感共鸣处、认识分歧处可拓展学生思维，引发学生对话，激发创新的火花……总之，运筹帷幄，不打无准备之仗。

（四）备好自己

学生是学习活动的主体，教师则是学习活动的主导。备课时，教师应结合自己的特长，有效利用好教材，以便在教学中充分张扬自己的个性，创出自己的特色来。如果你的声音好，朗读好，可以以"读"动人；你的感情充沛，可以以"情"动人；你足智多谋，可以以"理"服人；你活泼好动，风趣幽默，可以玩中教、乐中学。总之，你是学生生命乐章中跳动的音符，你怎样谱写，就会产生怎样的乐章。

（五）备好教学方案

实录式教案设计称为"详案"，多表现为师生问答式，这种形式极大限制了学生思维的多样性，削弱了师生交流的质量，降低了教师随机应变和灵活调控的能力。教师应该设计结构式教学方案，也称"预案"。预案设计宜粗不宜细，理清整体思路框架，整体把握教学进程。多设计话题性、开放性问题，设计活动板块，设计主问题，为学生"自主、合作、探究"的学习提供平台，为学生提供广阔思考的空间，设想学生解决问题的方案，使教学过程成为多向交流互动、充满活力的过程。

备课的方法多种多样，各有千秋。但应注意以下几点：

（一）集体备课与个人备课相结合，以个人备课为主

备课时，对于需要统一和明确的各章节、单元的目的、要求、重点等共性问题，同学科的教师可互相切磋，取长补短；但教师不能只依赖"集体备课"，集体备课必须是在个人认真准备的基础上进行的集体研讨。而且，最后也应根据自身情况、班级特点，决定对共同研究成果的取舍和运用，并要显示出自己的特色。只有流下自己的汗水，变成自己的东西，用起来才能得心应手，讲起来才能生动活泼。

（二）一般备课与重点备课相结合，以重点备课为主

备课范围应广泛一些、全面一些，但要抓住重点。一是重点

章节、单元、课时；二是主要概念、原理、规律；三是抓纲带目，备其"精华""精要""精辟"部分，以及"精练"语句。只有点面结合、点面相映、轻重相宜，才能取得良好的教学效果。

（三）单元备课与课时备课相结合，以课时备课为主

备课应将单元备课与课时备课结合起来，对每个单元的知识点进行合理的布局、分配，不能用同一模式处理不同的课时。备课应通览全部教材，注意其章节内部的系统性、因果性、关联性，同时注意与相关学科的联系，从而进行单元（章节）备课，进而进行课时备课，以使前后呼应，首尾相连，承前启后，左右配合。否则，"备一节，讲一节""讲哪节、备哪节""明天课，今天备"地孤立备课，教学效果必然不好。

（四）假期备课与课前备课相结合，以课前备课为主

教师利用寒暑假时间集中、思考集中、大脑思维处于最佳状态的特点，提前备出一学期或几周的课是很有必要的。但上课前进行再备课，更是必不可少；如果说学期前备课是"粗备"，那么周前备课就是"细备"，而课前备课则属"精备"。课前备课包括：重温教案（把教案当成"剧本"，在脑海里"预演"一遍，预估一下效果），掌握动态，准备教具，考虑教法，以及充分估计课中可能出现的问题和采取的对策等。这样，一可防止遗忘，二可增强记忆，三可及时调整已有教案，四可做好上课的心理与物质准备。

（五）编写教案与运用教案相结合，以运用教案为主

编写教案就是把备课中所研究的主要成果加以整理、概括、归纳，按照教学要求用文字书写出来。它记录了教师对教材的组织、安排和教学程序，以及教法设计、手段运用。这是课前准备的最后工序，也是教师基本功的集中体现，无论新教师还是老教

师，对此都应做到一丝不苟。然而在一般情况下，教案都是提前写成的。从某种意义上说，编是手段，用才是目的。因此，在上课前还要熟记教案，以便更好地运用，这是备课工序的最后一环，也是十分重要的一步。因课上情况多变，故在熟记教案的同时还应有各种思想准备，以便在上课过程中做到审时度势，随机应变，适应动态，掌控节奏。

（六）课前备课与课后备课相结合，使备课更完善

所谓课后备课是指每讲完一节（次）课，要进行回顾、反思，做好小结。它是备课和教案的重要组成部分，由于它是在课堂教学实施之后进行的，所以称为"课后备课"。即通过"教后记"对课前备课与课上实践进行总结经验，吸取教训，调整修改，充实提高，使备课——上课——再备课——再上课，循环往复，螺旋上升。

备课既要备在眼里，备在心中；又要备在口中，备在手上。它是教师创造性劳动的一个重要组成部分。虽说备课是艰苦的劳动过程，但其中也充满着艺术乐趣。当你在这项劳动中真正付出心血、流出汗水时，就会得到收益，获得成功，感到欣慰，趣味无穷。

六、确定教学目标

在实际教学活动中，我们一般把教学目标理解为对教学活动效果的一种主观愿望，也就是我们在结束教学活动之后所期望学生达到的一种状态和水平。它描述了学习者通过学习后的一种学习结果。它与"教学目的"不同，"教学目的"是在教学领域给教师提出的一种概括性的、总体的要求，是一种方向、指针。教学目标的表述应使用明确的语言表述，如表述不清，将影响教学

策略、教学媒体的运用，进而影响教学质量和学习水平的提高。

（一）教学目标的种类

美国著名教育家、心理学家布卢姆等人将教学目标分为认知、情感和动作技能三个领域。每个领域的目标又由低到高分成若干层次。这一分类方法得到了教学界的认可，运用范围比较广泛。

1. 认知领域

包括识记、领会、运用、分析、综合、评价六个层次（见表2-1）。

表 2-1　认知领域

教学目标层次	特征	可参考选用的动词
识记	对信息的回忆	为……下定义、列举、说出（写出）……的名称、复述、排列、背诵、辨认、回忆、选择、描述、表明
领会	用自己的语言解释信息	分类、叙述、解释、鉴别、选择、转换、区别、估计、举例说明、归纳、改写、猜测
运用	将知识运用到新的具体情境	运用、计算、示范、改编、阐述、解释、说明、修改、制订……方案、解答
分析	将知识分解，找出各部分之间的联系	分析、分类、比较、对照、图示、检查、指出、评价
综合	将各部分重新组合，形成一个新的整体	编写、创造、设计、提出、组织、计划、综合、归纳、总结
评价	根据一定标准进行价值判断	鉴别、比较、评定、判断、总结、证明、说出……的价值

2. 情感领域

包括接受、反应、价值化、组织、价值与价值体系的性格化五个层次。

接受：指学生愿意注意特殊的现象或刺激（如课堂活动、教材或文体活动等）。教师的任务是指引或维持学生的注意。

反应：指学生主动参与。处在这一水平的学生，不仅注意某种现象，而且以某种方式对它做出反应（如自愿阅读规定范围外的材料），以及反应的满足（如以愉快的心情阅读），这类目标与教师通常所说的"兴趣"类似，强调对特殊活动的选择与满足。

价值化：指学生将特殊的对象、现象或行为与一定的价值标准相联系，包括接受某种价值标准，偏爱某种价值标准或为某种价值标准做奉献。

组织：指将许多不同的价值标准组合在一起，克服它们之间的矛盾、冲突，并开始建立内在一致的价值体系。重点是将许多价值体系进行比较、关联和系统化。与人生哲学有关的教育目标属于这一级水平。

价值与价值体系的性格化：指个人具有长时期控制自己的行为以至发展了性格化"生活方式"的价值体系。

3.动作技能领域

包括模仿、操作、熟练三个层次。

模仿：指按照指示和在指导下从事简单的技能。

操作：指能独立地完成一项技能。

熟练：指能准确地、自动化地完成一项技能。

（二）教学目标的设计

1.设计过程中的常见问题

在教学目标的设计中，经常会出现一些误用的现象。主要表现为：

（1）以总目标代替教学目标

在设计教案时，教师只知道总目标，没有确定具体清晰的课堂教学目标。如"促进学生的发展""把学生培养成良好的社会公民"，等等。

（2）用语笼统、模糊、空泛，难以评价

有些教师在设计教学目标时，喜欢用一些含糊不清的词句，如"让学生懂得……""培养学生……能力""认识到……""体会到……"这些说法导致教学效果无法得到较为准确的评测。

（3）教学目标陈述的主体是教师或讲授内容，而不是学生或学习结果

有些教师习惯从自己的行为或感受出发，把自身的行为或准备讲授的内容作为教学目标，忽视了学生的行为、情感变化和学习结果，如"培养学生动手能力""激发学生热爱大自然的思想感情""拓宽学生的知识面"，等等。

2. 教学目标的描述

要清晰而明确地描述课堂教学目标，在叙写时要做到包含四个要素：行为主体、行为动词、行为条件、行为表现程度。

（1）行为主体

行为主体即学习者，行为目标描述的应是学生的行为，反映的是学生在认知、情感、动作技能等方面的行为变化，不是教师的行为，不是教师应该做什么。

（2）行为动词

教学目标的陈述力求明确、具体，可以观察和测量，尽量描述在教学后学生应能做以前所不能做的事情。如写出、列出、辨别、比较、对比、指明、解决、背诵、认出等。

（3）行为条件

行为条件指影响学生产生学习结果的特定的限制或范围等。通常有四种类型：一是允许或不允许使用某种工具，如"可以或不可以带词典"；二是提供信息或提示，如"给出一篇文章，能找出……"；三是时间的限制，如"在一小时的测验中，能……"；

四是完成行为的情景，如"在全班学生面前，能叙述……"。

（4）行为表现程度

目标的陈述应反映学生对目标所应达到的最低表现水准，用以评价学习表现或学习结果所达到的程度，如"至少写出 800 字的文章""答对 90%"等。

须指出的是，不是所有目的都必须具体化为目标，有些活动本身就想培养一种概括化的行为方式或提供给学生一种机会和体验，如学校经常安排的一些社会实践活动、公益劳动；教学活动中安排的某些实验、参观考察活动等。有些目的无法具体化为目标，如表演性的、首创性的活动，在活动前难以知道结果是什么，活动的结果要等活动结束之后才能知道。因此，有时只需用概括化的行为动词和对创设的探索活动情景的描述来表明教学的意图。

七、处理教学内容

教学目标明确以后，教师就必须对教学内容进行编选、分析和研究。

（一）分析、研究课程标准

课程标准是确定一定学段的课程水平及课程结构的纲领性文件。它规定学科的知识范围、深度及其结构、教学进度、教学法上的要求等，是课程计划的具体化，是教师进行教学工作的主要依据，是国家对学生学习的统一要求（见表 2-2）。

表 2-2　各学科国家课程标准的总体框架

	课程性质
前言	课程基本理念
	标准设计思路

续表

	知识与技能
课程标准	过程与方法
	情感态度与价值观
内容标准	内容领域惯用语行为目标
	教学建议
实施建议	评价建议
	教材编写建议
	课程资源开发与利用建议
附录	术语解释
	案例

（二）分析、研究教科书

教科书是根据课程标准编写的教学用书。教科书一般包括：前言、目录、正文、习题或练习、实验、图表、注释、附录、索引等。它们各自发挥不同的作用，从中可以获得许多关于进行教学准备和设计教法的提示。教师备教材，一定要对教材理解透。对教材理解透了可以使书本变薄，教学时才能简明扼要，言简意赅，纲目分明，重点突出。

处理教材的基本原则主要有以下几点：一要遵循统筹兼顾原则，即处理教材要紧扣教学目标，对传授知识、发展智能（智力和能力的合称）、进行思想品德教育三者要统筹兼顾，全面安排；二要遵循适应教学对象原则，即处理教材要适应教学对象的需要，做到了解学生的兴趣、爱好和学习能力、思维方法、性格特点等差异；三要遵循灵活处理原则，即对于不同类型和不同特点的教材，要采用不同的处理方法，不能采用一种固定的处理模式；四要遵循"举一反三"原则，即在使学生掌握规定的基础知识、基本技能技巧的基础上，发挥学生的积极性和创造性，使其利用所掌握的基础知识，类推到对有关问题的理解从而达到触类旁通的境界。

教师学习教材又要超越教材。超越教材的过程，其目的是用教材教，而不是教教材。只要适合学生的年龄特点、体现时代发展的需要、符合学科特点的都可以拿来做教材。同时还应引导学生多角度、多途径、全方位地从书本中积累文化知识，直接获得情感体验、生活经验等人生素养，让他们在书本中与历史对话、与文明交流、与智慧撞击，从而培养深厚的人文素养。

（三）主要精力放在重点、难点和关键上

教师备教材时不能眉毛胡子一把抓，要把主要精力放在备重点、备难点和备关键上。

1. 备重点

教材是由一个个知识点构成的。教材中各个知识点所处的地位不是同样重要的，有一般与重点之分；每堂课讲授的各个部分内容也有轻重之别。因此，教师备课时应根据不同情况有所侧重，加以区别对待。

通常来说，教材的重点主要指基本概念、基本理论、基本方法。它们对学习教材中其他内容能起到举足轻重的作用。即学生学习这些概念和这些理论的意义在于：这些知识在获得、理解和掌握后有助于学习其他知识；学习这些方法的实际意义不仅能解决当时学习过程中碰到的问题，而且能比较容易地转移到其他的学习情境中去，能比较顺利地解决其他学习过程中遇到的种种疑难问题。具体到各学科，如语文教材某篇课文中某一句子（"画龙点睛"之处），数学或物理教材中某条应用比较广泛的公式等，都可确定为"重点"。具体到某一课时，主要指本堂课着重解决的某一问题，如传授新知识课，要把主要精力放在比较系统地介绍教学内容，重点阐述清楚；而习题讲评课，则应把重点确定在着重剖析大多数学生容易做错的习题的原因上面。

教材重点和教学重点是两个不同的概念，它们之间有联系又有区别。教材重点毫无疑问也是教学重点，而教学重点则不仅仅是教材重点，也包括那些虽不属于教材重点，但在上课时必须重点讲清楚的内容。教材重点是由它在整册教材中所处的地位和所起的作用决定的，而教学重点的确定除了要看其是否是教材重点外，还应根据学生的学习基础和可接受程度的实际情况来决定。

2.备难点

教材中各个部分的内容难易程度是不相同的，教师备课时应充分重视其中的难点部分。所谓难点，是指那些大多数学生难以较迅速、较准确地理解、掌握和运用的知识，比较复杂的技能和比较生疏的技巧。

难点主要来自三方面：一是来自教材，通常那些比较抽象的知识、比较复杂的问题及表面相似、容易混淆的内容都是难点；二是来自学生，有些学生缺乏学习这部分教学内容所必需的基础，那么这部分内容就成了难点；三是来自教师，教师受思想水平、教学业务水平、教学方法等的限制，难以准确地、透彻地理解要讲的教学内容，导致学生不能比较容易地学习、掌握和应用这些教学内容。

因此，教师备课时自己首先要对难点内容理解透彻，同时要根据学生可接受程度的实际情况，做好化难为易的工作；对于比较抽象的知识，可配备生动形象的例子来解释；对于比较复杂的问题，可通过多层次的分析来化解；对于那些表面相似、容易混淆的内容，可用比较的方法指出它们之间的异同。

3. 备关键

"关键"意思是指事物最紧要的部分。备课"备关键"中的"关键"，一方面是指教材内容中的某一个"关节处"，学生如果不能准确地理解此处的内容，被"卡住"了，便不能迅速、准确地理解整个部分的内容。另一方面是指课堂教学进行过程中某一至关重要的环节（这个环节通常是在教学方法转换之时，或者在学生听课情绪起伏之际），如若处理不当，就会影响到课堂教学活动的顺利进行。

教师备"教材内容的关节处"，就要做到：

首先，应把握某一教学内容的大概意思，根据具体的教学要求仔细查看其中哪一处具有"关键"一词的特征。找到关键之处后，要进行必要的分析，找出这个地方的知识在联系上下文和联系新旧知识中所起的特殊作用，以便上课时要求学生注意这些内容。

其次，教师应利用有关教学参考资料和自己平时积累的教学经验教训，对这关键之处做一番化难为易的工作，如准备一些与之有关的生动形象的例子或选用一些学生易于理解的语言加以阐述等，以便学生清晰理解。

最后，教师应根据关键之处的内容，准备一些有利于学生更快更好地理解此处内容的练习题，以促使学生牢固掌握这些知识。

教师备"课堂教学进行过程中至关重要的环节"，要求做到三点：一是注意从整体上加以统筹，如充分考虑整堂课怎么上，学生要特别注意哪一个环节等，使学生了解这一环节的重要性之后能加以特别关注；二是进入这个环节之前要有铺垫，要适当做些提示。例如，讲某一例题，整个过程写在黑板上之后，再着重分析不同的解题方法，指出学生为什么只会用传统的固定模式解题之前，就应当做些必要的说明；三是预测上课时会出现不利于教学过程顺利进行的局面，事先应仔细分析原因，准备一些切实可行的应对措施，以避免出现一些比较尴尬的场面。

八、编写教学方案

教案也称课时计划，是课堂教学的实施方案，也是教师进行课堂教学的主要依据。

教案在教学过程中起到的作用主要有四点：一是每次教学的基本计划，教案明确本次教学的目标及教育资源的使用计划；二是教学活动的依据，教学活动必须按教案准备，有序有效予以实施；三是教学研究的成果，教案是将教材、学生、教学方法相结合的研究成果；四是教学实施的工具，在教学过程中教案是参照系，可以提示教学内容、重点、难点、目标、思路，帮助教师顺利完成每一次教学活动。

教案没有固定的格式，不同的教学内容及教学方法，需要的教案也不尽相同。但无论新老教师，也无论是哪一学科，一些基本的内容是必不可少的。

（一）基本格式

1.课题：本课名称，即教材的章、节、目，如语文学科的某篇课文、物理学科的某条定理等。

2.课型：是以系统讲授知识为主的新授课，还是以复习巩固旧知识为主的复习课。

3.课时：说明所需课时及属于第几课时。

4.教学目标：即教学目的和要求，也就是教学所要完成的任务，要重视思维能力培养和思想性与科学性相结合。

5.教学重点：包括教学内容重点与课堂讲授重点。

6.教学难点：学生容易产生困难和障碍的地方。

7.教学进程：这是教案的主体部分，说明教学进行的内容、方法、步骤、措施。

8.板书设计：上课时准备写在黑板上的内容。

9.作业处理：要布置的书面或口头作业。

10.教具：或称教具准备，说明辅助教学所使用的手段、工具。

编写教案是一项比较个性化的工作，它有一定的格式和内容的要求，但又不限于某种格式。"教学进程"部分最好写得条目清楚、文字表述口语化。详略的处理也因人而异，老教师教书二三十年，对教学内容烂熟于心，临场经验丰富，这一部分就可以写得简略一些，写个提纲就行了。新教师临场经验少，对教学内容不是特别熟悉，就该写得周密一些。新教师要重视写教案的工作，一开始就养成认真工作的习惯，形成写教案的规范。

教案应详略得当，系统、鲜明、实用，不宜过于烦琐冗长。教案要及时补充、修订。教师在讲课中或讲课后在教案的旁边随笔记下的任何想法，对将来参考都是非常有用的。教案制订是一个持续改进的过程，每次上课都需要做些修改。要想教学技能有质的飞跃，制订教案的技能就必须不断提升。

（二）编写步骤

1.研究课程标准和教材

课程标准是教师备课的纲领性指导文件，教师必须认真钻研，吃透课标；同时要通览教材，准确把握本章节，尤其是本次课的教学目标和要求。如有可能，教师应通读所任学科的各年级教材，便于把握整体情况。

2. 分析学生

教师在编写教案时，要做到"心中有学生"，分析学生的现有水平、学习需要、学习环境、学习态度、学习方式、学习习惯、思维特点、生活经验、个性差异、认知规律等。教学最忌讳的就是不问对象，"对牛弹琴"者本身就是不高明的。

3. 查阅并筛选资料

认真查阅"教参"等资料，包括网络资料，编写教案可以事半功倍。但要注意的是，一是不要简单地采取"拿来主义"；二是对所收集的材料要善于取舍，材料不在多，而在精妙与恰当。

4. 确定教学目标

以往一般把教学目标分为知识、能力和情感态度三大领域，本次课改从三个维度对课程目标进行了分类，分别是：知识与技能，过程与方法，情感、态度与价值观。这是教师在确定教学目标时必须考虑的。

5. 确定教学重点和难点

教师要在了解学生接受能力的情况下，确定一堂课的教学重点、难点，并对如何突破重点、难点有一个事先的预案。

6. 选择教学方法

毛泽东曾说："我们的任务是过河，但是没有桥或没有船就不能过。不解决桥或船的问题，过河就是一句空话。不解决方法问题，任务也只是瞎说一顿。"正确的教学方法就像给学生"搭桥"或"造船"一样。一堂课不可能只采用某一种教学方法，往往要根据教学的具体内容、学生的年龄特征、知识基础和能力水平等，选择几种恰当的教学方法加以综合运用。

7. 准备教学媒体

合理运用教学媒体，能够刺激学生的多种感觉器官，提高教学效率。教学媒体在课前应选择好、调试好，并设计使用策略。

8.设计教学过程

这是教案的主体部分，也是教师编写教案时花费时间、精力最多的部分。虽然不同课型的课堂教学步骤有所不同，但一般都包括：开场白或开场活动、游戏，作为"热身"；一系列的活动；结束语。

9.总结反思

一份优秀的教案既要体现对教学过程的良好预见，更要体现对教学过程的深刻反思。这一环节初看上去不是教案编写本身的内容，但它是完善这一轮教案及做好下一轮教案的重要衔接，绝对不能忽视。

九、调整心态

有一位福建的同学至今仍对他初中的班主任"耿耿于怀"。他初中三年都是同一个班主任，在一、二年级的时候，班主任和班上同学的相处还算愉快，同学对班主任所负责教授的数学吸收掌握的程度也不错，全班平均成绩都能维持在不错的水平上。然而，初三的时候，由于班主任怀孕了，脾气变得喜怒无常，常常将自己的情绪发泄在学生身上，造成全班同学团结起来对抗班主任的情况。而由于同学们根本就不想听她说话，导致全班的数学平均成绩也降到不及格以下。

这位老师可能是由于怀孕的生理因素导致自己情绪的不稳定，但是她没有好好管理自己的情绪，不但影响了自己的私人生活，也影响到学生的心情与学习成果。

现代心理学的研究已证明：愉快、欢乐、适度平稳的情绪能使中枢神经活动处于最佳状态，保证体内各系统的协调一致，充分发挥机体的潜能。因此，上一堂好课，教师的心情必然是良好的。教师精神焕发地走上讲台，以精练简洁的语言、生动形象的比喻、丰富切实的例证、工整适量的板书讲授课堂内容；学生则能聚精会神地聆听教师讲课，开动脑筋认真思考，踊跃发言，积极回答问题。

教师的任何不良情绪，都会严重影响自己对知识的讲解以及学生对知识的领悟，最终影响课堂教学效果。那么，是什么原因使教师情绪不佳呢？分析起来主要有三种：

首先，身体状况会影响情绪。比如一位教师患有某种疾病，或长期身体虚弱，或休息不好，还有女教师的生理周期等，都会对其情绪产生不良影响。

其次，一个人的情绪是不断变化的。人生活于社会之中，其情绪往往会受一些社会客观因素的影响，如生活、工作中遇到困难，遭受挫折，发生一些意外情况，同事或夫妻间闹矛盾，工资待遇、住房、职称评定没能满足要求等都会造成情绪不佳。

另外，学生也会影响教师的情绪。比如一位教师本来情绪不错，若当他走进教室发现学生乱成一团，满屋狼藉或者黑板没擦时，良好的心情就有可能烟消云散；讲课过程中若有些学生调皮捣蛋，不认真听讲，或者课堂气氛死气沉沉等，教师的情绪也会多多少少受到一些影响。

针对导致情绪不佳的这些因素，教师在课前应从以下几个方面入手去进行调整或预防：

（一）加强锻炼，强身健体

拥有健康的身体是具备良好情绪的前提。俗话说："身体是革命的本钱。"虚弱多病的身体不仅会使自己的情绪不佳，而且会使人干任何工作都感到力不从心。因此，为了搞好教学工作，教师在工作之余应抽出时间加强体育锻炼，练就健康的身体。

（二）乐观向上，泰然处事

生活是复杂的，不尽如人意的事随时都有可能遇到。有些人在失意面前悲观、懊悔，而有些人却能够处理得当，泰然处之。关键还是看一个人在主观上如何看待这些问题。如果我们能够在遇到困难时坚忍不拔，对待他人宽厚仁慈，对待名利不斤斤计较，对待挫折不悲观丧气，那么我们在工作中就能时常保持乐观向上的情绪。当然，要做到性格开朗，泰然处事，绝非一朝一夕之功。但只要我们平时注意加强心理素质的培养，增强心理承受能力和行为的控制能力，努力克服自己性格上的弱点，凡事都能想开一点，就一定可以做到乐观向上，泰然处事。

（三）出现问题，及时调整

如何才能避免把不好的情绪带进课堂，是教师必须认真对待的问题。一般情况下教师对自己的不佳情绪是能够体会到的，我们一旦发现自己的情绪不佳，就应适时地加以调整，不要让其再继续下去。当课前发现自己的情绪不佳时，可以采用深呼吸、静静地坐一会儿、想一些开心的事等方式转移一下自己的注意力，同时也放松一下自己，消除疲劳，保持精神饱满。另外也要做好课前的一切准备工作，包括备好课，熟悉教案，对教学全过程做到胸有成竹，避免课堂上出现紧张、焦虑。

总之，在课堂教学中，教师只有保持最佳的情绪状态，才能充分发挥自己的教学水平；保持良好和谐的课堂氛围，才会有教学的高效率和高质量。

十、注重仪容仪表

一份调查统计显示，受学生喜欢的教师在仪表方面一般是穿着得体，言谈文雅，举止大方，有风度，有气质；而不受学生喜欢的教师则往往不注意修饰，邋遢，服饰装扮夸张不得体，举止粗俗，缺少修养。教师的仪表已经成为影响他们在学生心目中形象的因素之一。

黑格尔说过："教师是孩子心中最完美的偶像。"教师要想上好课，知识上的准备是必要的，同时，个人仪表方面也是不可忽视的。

那么，教师该如何注意自己的仪表呢？

（一）教师的仪表要有美感和职业感

学生每天有三分之一以上的时间在学校与各位老师相处，他们必然会好奇地对每位老师进行观察，自觉或不自觉地模仿老师、向老师学习。一个班主任带一个班几年后，会发现不少学生说话、风度等与自己有高度的相似之处。因此教师应该向学生展现自己的美，以提高学生的审美趣味和审美力。同时，教师的仪表也要与教育教学的情调相适应，既为人师表，又为学生营造宽松和谐的学习氛围。

（二）教师的服饰仪容须朴实得体

试想：一个手指上套满闪闪发光的戒指，耳朵上挂着长长的耳环，穿着奇装异服的人，能教育学生们树立正确的人生观、价值观吗？教师作为文化与教养的化身，其服饰仪容必须体现出文明和教养，起到楷模和示范作用。在这方面，蔡元培先生为我们做出了表率：每次去学校给学生讲话或上课，他必定要换上整洁的衣服，把每一粒纽扣扣上后，还要对着穿衣镜仔细整理。进入讲演厅或教室前，他也要习惯性地整整衣冠，然后从容不迫地登上讲台。苏联教育家马卡连柯要求教育机关中的教师和其他工作人员"必须衣着整洁，头发和胡须都要弄得像样，鞋袜洁净，双手清洁，修好指甲和经常备有手帕"。他甚至指出："一个人从口袋里掏出了揉皱的手帕，就没有资格做教师。"

（三）教师的态度行为应亲切和蔼

捷克教育家夸美纽斯指出："孩子们求学的欲望是由教师激发起来的，假如他们是温和的、循循善诱的，不用粗鲁的办法使学生疏远他们，而是用仁慈的感情与言语去吸引学生；假如他们和善地对待他们的学生，他们就容易得到学生的好感，学生就宁愿进学校而不愿留在家里。"为此，教师要像父母那样亲切地关怀每一个学生，不仅要关心他们的学习，还要关心他们的生活、爱好、兴趣等方面的情况。要公正、认真地处理好学生之间的矛盾，不能因关系亲疏远近、家庭差异而偏袒一方。

作为教师，要力求做到仪表整洁、举止安详、表情愉快、落落大方，在社会伦理道德所统辖的风俗、习惯、礼仪、时尚和社会生活所涉及的规章、制度、纪律及守则等各方面成为学生的榜样。

第三章

课堂管理的细节

一、高效课堂的管理

美国高级管理顾问彼得·杜拉克先生曾经这样说过："管理的重点在于要构建一个好的系统，这样才能让每个人的长处得以发挥，短处得以包容，使正在进行当中的事情更好地进行下去。"

教师的教学工作也是一样的，要想使课堂教学获得更好的效果，切实完成教书育人的本职任务，首先便是如何保证课堂教学顺利地进行。只有课堂教学顺利进行了，才能确保学生积极、有效地参与到教学活动中来，才能更好地提高学习效率，使课堂变成真正的高效课堂。

因此，教学组织管理贯穿于整堂课的始终，它不仅是做好高效课堂的重要组成部分，更是课堂教学顺利进行的基本保证。

（一）培养并建立教学常规

【案例】

某中学优秀教师廖某就曾和自己的学生们立下了这样一个"君子协定"：

1. 每次上课前回忆上节课所学习的内容，并列出本节所要学习的重点或者学习任务；

2. 开始上课后，教师走进教室，学生应起立致敬，教师要还礼，学生应以饱满的精神对待学习；

3. 在课上，有学生想自由发言，首先要举手向老师示意，得到老师的允许后再发言；

4. 上课期间，不准擅自离开座位，更不准说笑打闹，影响其他同学的正常学习听课；

5. 与同学之间要互相帮助，有疑问要积极地和同学、老师进行讨论；

6. 不得随便因为个人原因而影响到他人的正常学习，有什么个人情况可以下课后讨论或者举手向老师请假；

7. 及时整理好课后的笔记。

虽然"君子协定"里的内容都是学生非常熟悉的道理，但是在没有明确的条例规范时，却总有个别同学因为不能做到完全自律，而影响了自己或其他同学的正常学习，使课堂教学不能顺利地进行。

而自从有了这个"君子协定"以后，凡事都有了一个更为明确的规定，于是每当有学生上课犯错时，其他同学就会及时地纠正他。学生明显比以前更加有纪律性，在课堂上的表现也比以前更加自律了，久而久之他们便养成了规范的课堂习惯。

如此，不仅保证了教学工作的顺利进行，更为学生们创造了良好的课堂氛围，有效地提高了课堂学习的效率。

高效课堂的组织管理，是一项复杂的、需要高度技巧的工作，它的实质与最终目的就是更好地保证课堂教学能够顺利进行，并有效地提高学生的学习效率。

随着教育技术与教育理念的不断发展与更新，从各种新型的、独具特色的教学方式中不断产生新的学生观、评价观，传统的"教与学"已逐渐被淘汰、被更新。教师如何教，学生如何学，都发生了巨大的变化。

而这种新的变化更加强调的是开放教学的思维，使学生主动参与，积极思考，逐渐培养学生们的创新精神和创造能力。

但是，由于学生的自控力还没有完全成熟，在相对自由的学习环境里就很容易变得懒散，甚至因为过分"自由"而影响课堂教学的顺利进行，从而影响课堂学习效率。因此，为了确保课堂教学得以顺利进行，教师在教学工作中就要建立起良好的课堂教学常规。

1. 规范课堂教学常规，提升学生的自制力

建立必要的、规范的课堂教学常规，是教学组织管理的一种手段，也是学生遵守教学秩序的行为依据。建立课堂教学常规，可以使学生在保持自律的情况下，更大地发挥自己的优势，使课堂学习效率得到更进一步的提高。

案例中的廖老师通过与学生制订"君子协定"，建立了规范化的课堂教学常规，使学生们凡事都有规可循、有矩可依。

建立规范的课堂教学常规不仅能促使学生们养成自觉遵守纪律的良好习惯，还可以有效地改变学生们懒惰、散漫的不良习惯。

良好的课堂教学常规为学生们创造严肃、活泼、和谐的课堂气氛和学习情境奠定了基础，也为学生自制力的提升及日后健全人格的形成起到了很好的鞭策与激励作用。

2. 公正赏罚，维护规范的课堂教学常规

有了常规，还要有更规范、更合理的赏罚制度来维护它的正常运行。

教师可以根据本班的不同情况制订出相应的赏罚制度，本着实事求是、公平公正的原则，使学生在不断严格要求自己的同时，得到老师和同学的鼓励与认可，激发他们的学习热情，使课堂教学得以顺利进行。

3. 妥善处理课堂教学中的偶发事件

即使有良好的课堂教学常规，但在教学过程中也难免会有一些偶发的事件导致学生分散注意力。这时，教师就要根据学生的心理规律、具体事件的因果，因势利导，妥善处理。

比如，当学生们正在聚精会神地听讲时，窗外突然响起了嘈

杂的鞭炮声、锣鼓声，学生们的注意力马上就被这意想不到的强烈刺激吸引过去，课堂教学暂时就无法正常进行下去了。

这时，老师就可以先停顿片刻，稳定一下学生们的情绪，然后通过提问等方式引导学生重新回忆先前的知识内容。这样一来，不仅把学生被转移的注意力很自然地引回到原先讲解的内容上，更可以着重强调课堂常规培养的重要性，从而使课堂教学继续顺利地进行下去。

（二）把控教学节奏

【案例】

某校的张老师，善于运用音乐的节奏感来引导学生的思路，在课程顺利进行的同时，也提高了课堂教学效率。

在带领学生们学习《王二小》一课时，首先，张老师在课程开始前先为学生们播放了歌曲《歌唱二小放牛郎》的伴奏音乐带。这样主动出击，最大限度地调动起学生们的情绪，是课堂教学的良好开端。

学生们的心情也随着音乐节奏的变化时而高亢、时而低沉。然后，张老师开始讲解课程《王二小》，并有机地结合了当时的背景，使大家的学习节奏有了一个稳步协调的过程。

张老师的语调时而激动，时而哀伤，又时而振奋人心，整堂课充满了音乐，学生们的注意力被完全吸引到了课程的内容里，使课堂教学不仅能够顺利地进行，直到下课铃声响起，学生们还依旧沉浸在张老师讲解带给他们的巨大震撼里，意犹未尽。

课堂教学的顺利进行，除了规范的常规培养外，教师组织管理好课堂教学的节奏，同样起着十分重要的作用。因为控制住节奏就能更好地控制过程，使课程更加条理清晰，减少因学生的不理解或课程平淡而引起的学习障碍，保证课堂教学更顺利地进行。

一堂高效的课程不仅体现在讲课内容的多少上，同样体现在整体教学节奏的把控上，就像指挥家按照主旋律指挥乐队，使乐曲可以顺利地进行，教师讲课也是一样的道理。

一堂成功的课好比一场美妙的音乐会，老师就是音乐会的指挥，而知识就是乐章里的音符。上课时，教师按照主旋律，时而抑扬顿挫，时而明快和谐，使每个环节都有机地连接在一起。此时，整个课程便会体现出一种优美的音乐性，使学生们的思绪随着课程节奏的变化时而澎湃，时而低沉，被知识的魅力深深地吸引而沉醉其中。

在上面的案例里，张老师充分利用了课程的教学节奏，使学生们随着教师节奏的变化而变化，在认真学习课程的同时，王二小的英雄事迹也一次次震撼着他们的心灵。

张老师巧妙地利用教学节奏，充分调动起学生们的学习兴趣，每个人都听得聚精会神，不知不觉中，教学已经进行到了尾声，同学们对课文内容的体会也更为深刻了。

除此之外，教师还可以利用其他的方式来调控课堂教学节奏。例如：

1. 借助身体语言

语言、声调、动作、表情等都属于身体语言。教师语言的准确、精练、鲜明、生动，语调的高低、强弱、速度和停顿，动作与表情的夸张等都可以用来组织管理学生，从而控制教学节奏，使课堂教学实现高效。

例如，当学生的注意力由于长时间的学习开始不集中的时候，老师突然停顿或降低音调、加重语气或提高声调都能及时吸引学生们的注意力。而老师讲课声音太大或单调无味，就会使课程显得过于平淡而失去节奏与韵律感，那么就会给学生带来心理上的疲劳与松懈，最后使学生的注意力分散或旁移，同样也给他们的交头接耳带来可乘之机，影响课堂教学的顺利进行。

因此，教师在控制学生节奏的同时，也要把握好自己身体语言的节奏。

2. 借助教具

多媒体、辅助教学用品、背景音乐、案例等，都可以成为教师的教具。合理地利用各种教具，也可以有效地控制教学节奏，使课堂教学顺利地进行。

例如，当由于教学节奏缓慢而引起学生的学习兴趣下降，进而开始聊天或做其他的事而影响课堂教学顺利进行的时候，教师就可以利用教具重新激发学生们的兴趣，加快教学节奏，使课程重新进入下一个高潮。

就像鲁迅先生说过的那样："没有兴趣的学习无异于一种苦役。"当学生把学习看成一种苦役的时候，就会抵触甚至反抗，课堂教学的顺利进行自然也就会受到影响。因此，教师在选用教具的时候，还要特别注意根据不同学生的年龄及心理特征，结合课程的主旋律，巧妙地安排，灵活地运用，要富有变化又不能与大的节奏相背离，使课堂教学节奏分明，充满活力，给学生以美妙的音乐艺术般的享受，使课程顺利地进行下去。

3. 合理掌握教学节奏的变化

学生在课堂上的注意力是需要强有力的自我控制的。脑细胞的能量消耗越大，持续注意的时间就越长，人也更容易感到疲劳；但是如果没有充分调动起来的话，注意力集中的时间就很短，可能在学生还没有理解的时候就已经不想继续学下去了。合理地掌握节奏的快慢、变化可以更好地使学生的注意力得到集中，所以教师在课堂上要做到有快有慢，劳逸结合。

总之，课堂教学的顺利进行离不开教师与学生的共同配合，合理的组织管理可以使教学资源充分发挥它的优势，规范的常规培养保证了教学的顺利进行，课堂节奏的把握为学生提供了最佳的学习规律。

只要管理好每一个步骤，教师就可以保证课堂教学顺利进行，实现更高的学习效率，使课堂成为真正重质又重量的高效课堂。

二、课堂秩序的管理

国家要想发展，社会要想进步，良好的秩序是基本保障。同样，教育事业要想发展，课堂教学要想有效率，也离不开良好的课堂秩序。

课堂秩序是以课堂纪律为基础建立起来的一种教学状态。有良好的课堂纪律，就容易建立良好的课堂秩序。也就是说，课堂纪律就是课堂教学正常进行并且出成效的基本保障。

因此，教师要想使自己的教学效率更高，就应该想方设法消除影响课堂秩序的一切不利因素，用纪律去改变无序的课堂，维护有序的课堂，从而向"45分钟"课堂要到最高的效率。

（一）课堂纪律概述

【案例】

马老师是一位模范班主任。对于不遵守课堂纪律的学生，马老师从来不先入为主地乱加批评，而是从师生情感入手，从如何提高学生的学习兴趣上寻找对策。

在马老师的班里有一个名叫小乐的学生。这名学生非常不守纪律，而最让人头疼的是他不但自己不守纪律，还"教唆"其他"军心不稳"的学生扰乱课堂纪律。

记得马老师第一次给这个班上课前，一些教师就告诉他，说那个叫小乐的男生特别调皮，从没有一节课安静过。教师们在上课时不仅要讲课，还得花一些时间收拾因小乐不守纪律而造成的烂摊子。

对此，马老师只是一笑置之："一个十来岁的孩子，还能折腾到哪里啊？"可谁知第一次上课，小乐就给了马老师一个下马威。

那天上课铃声已响过三分钟，教室里还有个座位是空的，学生们说是小乐的。大概又过了两分钟，小乐才急急忙忙、慌慌张张地跑进来，而且没有喊报告，就径直跑到自己的座位上去了。

马老师想：他这么着急，一定是意识到自己的错误了。于是，也就没理会迟到的小乐。然而，马老师刚扭过头，准备书写本节课的课题时，背后突然传来一个男生的声音："老师，小乐挡着我，我看不见黑板！"

马老师转过身来一看，发现小乐居然没坐下，还站在那里。于是，马老师问："你怎么不坐下啊？这样会影响后面的同学听课的。"

"老师，我迟到了，要罚站、作检讨！"谁知，小乐竟然一本正经地回答。

听小乐这么一说，学生们"哄"的一声，大笑起来。

"老师，他才不是那样的乖学生呢！他在故意捣乱！"听了小乐的解释，角落里有个声音反驳道。

"你胡说！世界上除了我，哪里还有乖学生啊？老师，你说是不是？"小乐目不转睛地看着马老师。

"是这样啊！那我代表全班同学原谅你了，你坐下吧！"说完，马老师转身接着写没写完的课题。谁知，他刚转过身就听到"哎哟"一声。

又怎么了？原来小乐摔了个屁股蹲儿。

马老师刚要问小乐摔疼了没有，就见小乐使劲踹了自己的椅子一脚："叫你不老实！摔死我了！"

没办法，马老师只好去安抚小乐。好半天，小乐才坐在座位上开始听课。

可是，还不到十分钟，就听见有名女生在尖叫，马老师循声望去，原来是小乐前面的女生。

"老师，小乐在我背后贴纸条！"该女生报告道。

"不是这样的，老师！她的衣服上有蓝墨水，我怕大家笑话她，才用纸条帮她掩盖的。"小乐一脸无辜地说。

听到这句话，那名女生生气地瞪着小乐问道："哪里有墨水了？明明是你不遵守纪律，打扰人家上课，你还找借口！"

马老师赶紧走过去，揭下了那张纸条。果然，那女生背后有一大片蓝墨水印。

"这是谁弄的？"马老师问道。

"老师，是小乐弄上去的！"有名同学回答。

"是你弄的吗？"马老师不想冤枉好人，于是赶紧问小乐。

"我……我不是故意的！钢笔没水了，于是我就吸墨水，然后看见滴在课桌上的墨水很好玩，就玩起来了。谁知，我使劲一吹，就吹到她身上去了！"小乐一脸的委屈。

望着眼前这名不断惹事的学生，马老师终于相信其他老师的话了。

所谓不遵守课堂纪律的行为，即指在课堂上，像小乐这样的学生行为不规范，与教学要求不一致，并且影响了正常的课堂秩序及教学效率。

小乐这样的学生不遵守课堂纪律，不但会影响他个人的学习和身心健康，也会影响其他学生的学习，甚至会影响老师的教学质量。也就是说，学生这种不遵守课堂纪律的行为像传染性病毒一样，是可以传染的，它能波及全班同学，影响教学活动的正常进行。

而小乐的各种行为都表明他是一个典型的不遵守课堂纪律的学生。因此，马老师觉得必须尽快想办法，帮助他意识到这样做的坏处，并且令其改正过来。

于是，马老师开始在课余时间观察小乐的举动，并做了细致的调查。结果马老师发现，小乐不遵守课堂纪律是由以下原因引起的：

1. 没有养成遵守纪律的好习惯

平时，小乐经常迟到、早退。如果老师们不在，他就在班级里故意搞恶作剧，所以他早已养成了不遵守纪律的坏习惯。

人的各种习惯是互相关联的，不但好习惯如此，坏习惯也是如此。一个在平时生活中就不遵守各种纪律的学生，又怎么会在课堂上认真听课、遵守纪律呢？

2. 与教师的关系不好

小乐的好朋友告诉马老师，说小乐以前不遵守课堂纪律的行为没现在这么严重。自从有一次一位教师冤枉他在课堂上对教师搞恶作剧，甚至还因此让他请家长后，小乐就变成现在这样了。

古人说："亲其师，信其道。"小乐也是如此。如果教师的工作方法过于简单，只是一味地批评、责备学生，甚至动不动就请家长，或者对学生们的问题处理得不公正，不能满足学生们的正当需求，就会使师生感情变得淡薄、疏远，甚至紧张、排斥，这样自然就会在纪律性上表现出来。

而小乐就是这种学生，他可能是认为所有的教师都和冤枉他的教师一样"不公平""一样坏",所以才在每位教师的课堂上都不安分的。

3. 学习兴趣低

兴趣是学习的动力。如果对某个学科感兴趣，学生们上课就会遵守纪律，反之则乱说乱动。而小乐就对学习不感兴趣，每次在课堂上乱说乱动累了，他都会睡觉，从来不会认真听课。

课堂纪律管理是课堂管理的一项重要内容，也是影响课堂效率的核心因素。

课堂教学中，难免会出现像案例中小乐那样用各种行为干扰正常的教学活动的学生。因此，教师要多加注意，加强课堂纪律管理。

1. 内涵

纪律是指通过施加外来约束达到纠正行为目的的手段，是对自身行为起作用的内在约束力。同时，纪律也意味着惩罚，因为一旦违反纪律，违反者就会视情节轻重遭到不同程度的惩罚。

延伸到教学中，纪律就是指课堂上教师对学生的课堂行为所施加的外部约束及其为此而建立的相关规则。

良好的课堂纪律的形成，不仅需要外部施加的强制性规则，更需要学生的自我控制与约束。因此，教师在规范课堂行为，对其进行外部约束的同时，还要注意培养他们遵守纪律的自觉性。

2. 分类

因为成因不同，课堂纪律通常可分为以下几类：

（1）教师促成的纪律

教师促成的纪律指在教师的帮助指导下形成的班级行为规范和个人行为守则。这类纪律虽然在不同年龄段发挥的作用不同，却始终是课堂纪律中的重要类型。

小学生因为不知道如何在大的团体中学习和游戏，如果没有教师的适当引导和帮助，很难形成适合于集体活动的行为准则。而随着年龄的增长和自我意识的增强，学生一方面会反对教师的过多限制，另一方面又要求教师提供一定的指导和帮助。因此，教师有必要利用自己的影响力，建立有利于提高课堂效率的课堂秩序和课堂纪律。

（2）集体促成的纪律

集体促成的纪律是指在集体的舆论和压力的作用下形成的学生群体行为规范，而这种随集体行动的群体行为，即俗话说的"随大溜"。随着年龄的增长，这种纪律对学生个体的影响会越来越大，尤其在摆脱对成年人的依赖后，他们更加注重同学和同龄人的言行举止，并且以此决定自己的言行与思考。

（3）自我促成的纪律

自我促成的纪律，就是指学生的自律，是在个体自觉努力下由外部纪律内化而成的个体内部约束力，是课堂纪律管理的最终目的。

（4）任务促成的纪律

任务促成的纪律指某一具体的学习任务对学生行为提出的具体要求。这类纪律是以学生对任务的充分理解为前提的。

通常来说，学生对任务的意义理解越深刻，就越能自觉遵守任务所要求的纪律，即使遇到困难、挫折也不会轻易放弃。可以说，学生完成任务的过程，就是接受纪律约束的过程。因此，教师可以用学习任务来引导学生，加深学生对任务的理解，这样既可以有效地减少课堂违纪行为，又可以提高课堂教学效率。

（5）兴趣约束

学生如果对某件事情有兴趣，遵守纪律的程度就高；反之就差。

对违反课堂纪律学生的教育，最好是从兴趣吸引入手，让学生加强自律。

尽管课堂纪律有如此多的类型，但都是为建立良好的课堂秩序而存在的。因此，在向课堂要效率时，教师有必要深入研究一下课堂纪律管理，并从中找到着眼点和突破口。

（二）影响课堂纪律的问题行为

【案例】

对于小乐这种不遵守纪律的学生，马老师认为应该尽快想办法帮助他纠正不良思想和行为，否则不但会影响小乐自己的学习，还会波及其他同学，影响其他同学的学习。

在小乐心中，对老师的印象很不好，并且因此而"怨恨"老师，与老师作对，这对他的学习以及未来的发展都非常不利。因此，马老师决定首先改变老师在小乐心中的形象，让他明白并不是所有的老师都那么不公平。

于是，马老师再遇到小乐故意在课堂上捣乱的情况时，总是不急不躁地教育他："年轻人，安静点，我们在上课。"或者先放下手中的事情，冷静地盯着小乐看几分钟。

当班里出现乱子时，马老师从来不先入为主、不分青红皂白地责骂学生，而是尽量让气氛缓和，然后让学生到办公室说清楚事件的缘由，根据是非做出合理的"判决"。最后事情解决完毕后，马老师总是会说一句："同学们，为了那点鸡毛蒜皮的小事，就破坏彼此之间的友谊，值得吗？"

有一次，马老师故意在课堂上说："有同学嫌我处理违纪问题不够果断，太婆婆妈妈！那是因为我不想冤枉一个好同学，即便这个同学给大家的印象并不好，但是这不代表他做的每件事情都不好。所以，我希望同学们不要总是用一种眼光去看待自己的同学。"

马老师的做法，小乐都看在眼里。渐渐地，他在马老师的课堂上不再像以前那样捣乱。但是，马老师知道这还不够，因为在其他老师的课堂上，小乐还是一如既往地违反课堂纪律。

于是，马老师就经常找小乐聊天，旁敲侧击地教育他，让他慢慢地意识到自己的错误。

"马老师！我从来没有遇见过像您这样的好老师！"小乐由衷地说。

马老师笑着说："这也许是因为你没认真地观察过其他老师，没有认真去体会其他老师对你的关心。小乐，既然你现在已经知道在课堂上违反纪律不好了，以后就控制一下自己，认真听课，好吗？"

"可是，老师，我有时就是控制不住自己，总想逗逗其他同学，动动课桌里的东西。而且那些老师的课讲得没劲，我不喜欢听！"小乐苦恼地说。

"好！那以后老师帮助你。你啊，是因为没有养成遵守纪律的习惯和没有学习的兴趣才这样的。以后，我们就从这两点着手来改变。怎么样，能配合我吗？"

"老师为我好，我知道！您放心吧，我一定会努力配合的！"小乐坚决地说。

接下来，为了培养小乐良好的纪律习惯，上课时马老师总会有意地去关注他。很多次，小乐刚想做些小动作，就被马老师及时制止了。而且马老师还会突然叫他回答问题。而为了能准确地回答问题，小乐也不得不认真听讲了。"因为我怕让马老师失望。"他这样说。

下课后，马老师还特地派小乐的好朋友监督他，一旦发现小乐有违纪倾向，就及时阻止他。渐渐地，小乐能够自我控制了，上课不再伺机找"事"做了，但他还是无法做到全心听课，还会时不时地打瞌睡。

看到小乐的转变，马老师虽然很高兴，但同时也意识到，小乐的学习兴趣还是没有被激发出来。

为了提高小乐的学习兴趣，马老师还请其他老师配合，在课堂上尽量采用新鲜、有趣的教学方法，想办法吸引他的注意力。

比如，看到小乐在打瞌睡或者走神时，老师们就故意咳嗽一声，然后再讲个小笑话给大家听，而这也逐渐引起了小乐的注意。慢慢地，他开始在课堂上认真听讲了。后来，大家经常能看到他坐得笔直，积极地回答老师们的提问。

经过一段时间的矫正，小乐不但在遵守课堂纪律方面有了明显好转，而且成绩上升了一大截。

导致课堂纪律不良的原因，多是课堂上出现了影响课堂秩序顺利进行的问题行为，即发生了与课堂行为规范和教学要求不一致并影响正常课堂秩序及教学效率的行为。

这些行为一方面影响学生的身心健康，另一方面又引起课堂纪律问题，影响教学质量。因为一名学生的不良课堂行为，影响的不仅仅是他本人的学习，还会干扰其他学生的正常学习。

因此，及时控制和防范这种课堂问题行为，就成为维护课堂纪律、加强课堂管理的重要内容之一。

在建立课堂新秩序、管理课堂违纪行为之前，教师如果能够调查清楚其中的原因，处理起来就比较方便且有针对性，即先理清课堂问题行为的类型与原因。

1. 分类

目前，对课堂问题行为分类，最为普遍的一种是根据学生行为表现的倾向划分为内向性行为和外向性行为。这两种行为虽然表现不同，但同样违反了课堂纪律，影响着正常教学的顺利进行，降低了教学效率。

（1）内向性问题行为

这类行为主要包括：在课堂上发呆、走神等注意力分散行为；害怕提问等退缩行为；抄作业等不负责任的行为。这类行为大多不会直接威胁课堂秩序、影响整体教学效果，也不容易被教师觉察。

（2）外向性问题行为

这类行为主要包括：做鬼脸等故意惹人注意的行为；相互争吵等攻击性行为；故意顶撞教师等盲目反权威的行为。这类行为可以直接影响课堂秩序，降低课堂效率，容易为教师觉察。上面案例中的小乐就属于这种类型。

2. 原因

课堂问题行为的产生必然有其原因，因此教师要想管理问题行为或者防范问题行为，就必须追根溯源，搞清楚诱发问题行为的原因。概括地讲，诱发问题行为的原因主要集中于学生自身、教师和外界环境三个方面。　.

（1）学生自身的影响

众多的课堂问题行为是由学生自身的因素引起的。这些因素主要有：

①性别特征

男生精力旺盛，喜欢探究未知，但心理成熟程度和自控能力要普遍低于女生，因而出现课堂问题行为的可能性就比较高。

②人格因素

学生的课堂行为问题在一定程度上与个性心理特征，如能力、性格、情绪等有关。例如外向的人格喜欢交际，迎合热闹，自制力较弱，违反纪律的情况相对较多。

③吸引注意力

一些自尊心较强但因成绩较差或其他原因得不到承认的学生，往往会以故意制造麻烦、事端，吸引教师和同学的注意。

（2）教师的影响

许多课堂问题行为表面上是学生的问题，实际上也有可能是教师方面的原因造成的。因此，要想建立良好的课堂纪律，教师也要进行自我约束和调整。

对课堂问题行为产生影响的教师方面的因素主要有：

①教学不当

主要指教师备课不充分，缺乏教学组织能力，或者表达能力欠佳而引起的课堂问题行为。

②管理不当

这是教师引起课堂问题行为的最主要因素，最突出的问题是教师对学生的问题行为反应过度，滥用惩戒手段。比如，有些教师对学生的个别不良行为经常做出过激反应，动不动就中断教学大加训斥。这种管理方法往往会激化矛盾，使问题行为扩散开来，影响教学效果。

③缺乏威信

在学生心目中失去威信的教师是很难管好课堂的，丧失威信也是多方面因素造成的，除了前面提到的教学不当、管理不当，还有教学方法不好、对学生的要求不一致、处事不公平等。

（3）环境的影响

包括校外环境和校内环境中的许多因素，都会对学生的行为产生一定影响。家庭环境、班级人数与课堂座位编排方式等环境因素，都能明显地影响学生的课堂行为。例如，在经常吵架、打闹家庭中生活的学生，在课堂上多会表现得或孤僻退缩，或烦躁不安，甚至挑衅生事。

（三）加强纪律管理的重要环节

尽管破坏课堂纪律的责任不能一股脑地推给教师，但是作为课堂的主导者，教师仍然要竭尽全力整顿课堂纪律，维持课堂秩序。

那么，在课堂上管理学生纪律时，教师需要注意哪些环节呢？

1. 做好课堂"监控"

课堂上教师应认真地观察课堂活动：讲课时始终密切注意学生的动态；做作业时要经常巡视全班学生。教师应该在学生的不恰当行为造成混乱之前就有所察觉，并且加以制止。

2. 及时恰当地处理问题行为

只发现问题是不够的，教师还必须及时采取恰当的措施处理问题行为。

一个小故事，就能使两名学生之间的战火立刻熄灭，使正常的教学活动得以顺利进行。所以，发现问题行为后，最重要的是采取适当的措施进行制止。

至于采取什么措施则取决于问题的性质和场合。比如，学生趴在桌子上睡觉但无鼾声这样的内向性行为，没有明显干扰课堂教学。因此，教师不宜停止教学而公开指责，可以采取信号暗示、邻近控制和课后谈话等措施加以处理。而对于大声喧哗、戏弄同学等外向性行为，因其对课堂有较大干扰，必须通过警告、批评等措施迅速制止。

3. 合理运用奖惩手段

运用奖励手段鼓励正当行为，通过惩罚手段制止不良行为，是巩固管理制度、提高课堂管理水平、提升课堂效率的有效途径之一。比如，教师表情上的肯定与否定、表扬与批评，都能影响学生情绪，影响学生行为。

但是，在实施奖惩手段时，教师须要注意根据实际情况灵活运用，以奖励为主；严格按规则实施奖惩；不能滥用惩罚手段，尤其不能体罚和变相体罚学生。

4.说话要有亲和力

"亲其师，信其道。"教师的亲和力在本质上是一种爱的表现，其核心是民主平等的思想。亲和力强的老师，可以赢得学生的尊敬和信任，可以获得学生的理解和宽容。因此，教师上课时，一定要注意发自肺腑地爱学生，真诚地亲近学生，营造和谐温馨的课堂氛围。

5.讲课要有吸引力

除了上述条件，教师讲课还要有吸引力。一节课45分钟，学生如果感到教师讲的课枯燥乏味，就难免会有厌倦之感、怠慢之心，进而滋生违反课堂纪律的心理与行为。因此，提高教师讲课的吸引力也是维持课堂秩序的重要因素。

对此，教师可以用谈话的方法、幽默的语言给学生授课，或者灵活调整课堂节奏等，使自己的课程更加有趣味、有吸引力。

教师要想办法消除课堂上纪律混乱这一影响授课效率的不利因素，确保良好的课堂教学秩序。这样，学生才能拥有一个良好的听课环境，教师才能拥有轻松的授课环境。而在这样的环境下取得的课堂效果，自然是事半功倍的。

在教学过程中，教师要不断地监控学生的情绪与行为，随时调整自己的授课方法，以保证课堂效率。这样，教师一定能不断提高课堂教学效率，真正实现"向45分钟要质量"的目标。

三、课堂情绪的管控

情绪作为人的一个特性，不仅存在于学生身上，同样存在于教师身上。而在课堂教学中，情绪管控分为两种：一种是教师自身情绪的调控；另一种是教师对学生情绪的管理，即想方设法激发学生的积极情绪。

教学活动中，教的主体是教师，学的主体是学生，但教师起主导作用。所以，作为课堂的主导者，教师的情绪对教学活动的影响是巨大的，尤其是在学生学习积极性和自觉性不高的情况下。教师的情绪可以说是除教师知识结构等内部因素以外的影响教学活动的重要因素之一。因此，教师首先要学会调控自身的情绪，保持积极的教学状态。

教师的积极情绪可以促使教师处于一种良好的状态，使教师在课堂上精神焕发、激情洋溢，以精练简洁的语言、生动形象的比喻、丰富切实的例证、工整适量的板书讲授课堂内容；学生则能聚精会神地聆听教师讲课，开动脑筋认真思考，踊跃发言。

教师的任何消极情绪都会严重影响自己对知识的讲解和学生对知识的领悟。如果控制不当或不能控制，就会大大降低课堂教学效果，更有甚者就无法正常组织自己的教学活动。所以，教师要想上好一堂课，就必须充分利用自己的积极情绪，避免自己的消极情绪。

除此之外，教师还要想方设法去激发学生的课堂积极情绪，因为只有师生共同保持课堂积极性，课堂教学的高质量才能得到保证。

（一）保持积极状态，提升教学质量

要想转化教育好学生，教师千万不能把个人的不良情绪带进来，而要自觉地控制自身的异常情绪。那么，教师究竟要控制哪些异常情绪呢？

1. 控制冲动情绪

在课堂上，有的教师看到学生听课不认真或者稍微搞一点小动作，就流露出不满情绪，或者大发雷霆地指责学生，甚至中断教学进程……这就是冲动情绪的体现。实际上，这种冲动的情绪根本无法解决问题，更无法完成教学任务。

控制冲动情绪的关键在于"制怒"。"制怒"的核心是教师要积极投入到课堂教学中去，对学生投入更多关爱的感情，这样才能收获学生的信任和从事学习活动的积极性。

2. 克服过激情绪

过激情绪是指在教学过程中，教师不能冷静、理智地把握自身情绪的流向。如有的老师看到学生听课认真便非常兴奋，于是即兴发挥，大讲题外话，博得学生一时的兴趣，却偏离了教学的主题，教学目标也就难以实现。

其实，在课堂教学中，除了师生之间要有充分的情感交流外，还应该有明确的交流中心，把握住重点和难点。否则，教师跟着感觉走，跟着情绪走，忘记了教学主旨，学生看似活跃、畅所欲言，实际上学到的东西是非常有限的。

3. 防止压抑情绪

压抑情绪常常是由不良课堂气氛造成的。如有的教师看到学生对讲课反应冷淡，便失去了讲课的欲望，内心产生烦躁心理，情绪受到压抑。于是整堂课变得死气沉沉，学生的学习主动性和积极性也受到了压抑。这样的课堂教学注定是要失败的。

在课堂教学中，教师要做到满腔热情、精神饱满，以充满激情的活力去感染和教育学生，用各种方法去激发学生的积极性，这样才能取得良好的教学效果。

总之，教师的正常情绪是激发学生认真学习最有力的因素。作为教学主导的教师，既不能过分强调理性的作用，也不能放任情绪，而应该在充分认识情绪作用的前提下，有效地驾驭和控制情绪，从而提升教学质量。

（二）激发学生积极情绪，提高学习效率

【案例】

王老师在教学《两块银圆》一课时，突然有一名学生站起来说道："老师，刘司令和邓政委根本不用'赔'孙老汉两块银圆，因为茶壶根本不是他们打破的。"

此言一出，立刻打破了课堂的安静，许多学生都明确表示反对，但也有不少学生积极响应。一时间双方辩论得不可开交。王老师却认为这是个好机会。为了激发学生学习的兴趣，她决定根据学生提出的命题组织一个小型辩论会，让学生依照不同观点分成两大阵营，辩论己方的理由，并从课文上寻词析句找根据。王老师的这一做法立刻激发了学生的兴趣，大家兴致勃勃地开始寻找依据，唇枪舌剑地进行辩论，课堂气氛顿时变得活跃起来。

再如，李老师在教学《比与生活》时，她先让学生交流收集的生活中比的知识，然后问学生："老师今天带来了一种奶茶，奶与茶的比是2∶9，请同学们讨论一下'2∶9'说明了什么？"

学生的积极情绪马上被激发起来，纷纷表述自己的想法，于是李老师趁机用多媒体创设了问题情境："如果我们要配制这样的奶茶220毫升，需要奶和茶各多少毫升呢？"

学生们的情绪更高涨了，有的动笔算，有的开始和同学交流。

李老师让学生先独立思考，再分组交流，结果学生提出了很多好的解题方法，李老师都给予充分的肯定，最后指出今天学习新的解题方法——按比例分配，从而将课题引入了课堂。整堂课，李老师只用了寥寥数语就完成了教学任务，而且学生学得主动，学得透彻，效率非常高。

教师在调控自身情绪的同时，更重要的是激发学生的课堂积极情绪，调动他们学习的积极性，这样才能提高学生的学习效率和教师的课堂教学效率。

通过上面的案例，分析王老师和李老师的课堂教学，可以看出，她们运用不同的教学方法激发出了学生的学习积极情绪。王老师运用的是课堂辩论法，而李老师运用的则是创设生活情境法，方法虽然不同，但目的是一样的，即调动学生的课堂积极情绪，提高学习效率，而且最终都达到了预期的目标。

所以，作为教师不仅要能控制自身的情绪，更要能够灵活运用各种教学方法来激发学生的课堂学习情绪，从而确保课堂教学的质量。

（三）实施"课堂情绪管控"的具体方法

根据上面的分析，可以知道教师的课堂情绪管控分为教师自身情绪管控和激发学生的情绪管理。那么，如何进行课堂情绪管理呢？下面先来说一下教师有效控制和调节自己的情绪的方法：

1. 充分备好课

备好课是获得和保持健康情绪的首要条件。俗话说："不打无准备之仗。"充分备好课，特别是在备教材这个中心环节上力求精通和娴熟，这样上课才能做到心绪平稳、不慌不乱，在讲授中游刃有余、从容不迫。

2. 保持乐观的情绪

积极的心境来源于良好的品德和个性，如果教师热爱教育事业，热爱学生，心胸开阔，兴趣广泛，心态自然就会平和，就能保持乐观的情绪。

3. 站在学生的角度考虑问题

教师要与学生平等相处，以心换心，设身处地地站在学生的角度考虑问题，重视学生的自尊。教师面对的是聪明而敏感的青少年，他们更需要心灵的抚慰，更需要体贴入微的爱心。因此，教师在教学中，要仔细审视自己的言行，任何针对学生的表扬、批评、鼓励，都要始终为学生着想，多一些鼓励，多一些理解。教师要多体验学生的感受，以人格的力量影响学生学习的情绪，以真挚的爱给学生以学习的信心，促进学生身心健康发展。

4. 对待学生要宽容

教师的教育在心理上从来不是单向流动的。在这个流动过程中，教师的教育态度一经转化为学生的情感体验，学生对待教师的态度就会产生相应的改变。一旦作为教育者的教师与受教育者的学生之间有了情感的沟通，学生就会信任教师，这就为接受教育打下了基础。而宽容能够在教育者与受教育者之间架起情感沟通的桥梁。如果教师有宽广的胸怀，能够接纳学生的优缺点，就不会有那么多不必要的消极情绪了。

5. 宣泄负面情绪

向亲友、同学、同事宣泄负面情绪，倾吐心事，是减轻和缓解负面情绪的有效方法之一。如被领导批评了，可以找自己最要好的同事或朋友诉说，把自己想不开的、郁闷的地方告诉别人，让别人来开导自己。而自己的负面情绪也在倾诉的过程中得到了宣泄。其实有时说开了，一切也就释然了，心情也变得轻松了。

而如果是家庭矛盾，可以在日记本上面写下所发生的不开心的事，自己跟自己进行对话，自己跟自己进行辩解。"气"出了，心里就会舒坦了，上课时就不会把负面情绪带进课堂。

以上介绍了教师自我情绪的调控方法，那么，激发学生课堂积极情绪的方法又有哪些呢？

1. 创设情境

设计一个和教学内容有关的情境，是调动学生学习积极情绪的一个很好的方法。因为创设教学情境，可以引起学生更多的联想，激发学生思维的积极性，从而让学生自主、快乐地学习新知识。

2. 组织辩论

教师要把学习中的某个重点、难点或似是而非、含糊不清的问题明确提出来，以保证能够引起辩论的可能。当出现不同意见后，教师要善于引导，让学生展开讨论，在群体中探究，在相互研讨中萌发灵感，发现新知，激发思维的火花，进而使学生明辨是非，得出正确结论。这样既激发了学生学习的积极情绪，也使学生的其他潜能得到最大的发挥，收到事半功倍的效果。

3. 设置悬念

"学起于思，思源于疑。"好奇是学生的天性，教师有意识地设疑、激疑能引导学生积极思考问题，可以激发学生的学习兴趣，紧紧地吸引学生，引领学生进入主动学习的状态。

4. 借助幽默的语言

从教学调控艺术上说，干巴巴的讲授会使学生"因噎废食"。如果在讲授中融入幽默，制造一点活跃气氛，对于调节知识讲授的"输出功能"，激活学生的接受与反馈，形成灵活积极的心理结构，往往能起到意想不到的作用。

5. 借助夸赞

适度的夸奖能刺激人的大脑神经，使神经中枢在较长一段时间内处于兴奋状态。如果教师在课堂上抓住学生回答问题之后的有利时机，寓夸奖于评价之中，就能有效地激发学生的积极思维，使他们的答题、讨论更加积极、踊跃，发言更为大胆，课堂情绪就会始终高涨。

一堂课对教师来说，如同一幕短剧或一段乐章，要演绎得有滋有味。三尺讲台，四十五分钟，能不能把课堂组织得有声有色、妙趣横生，和教师的情绪调控艺术有很大的关系。只有教师善于调控课堂情绪，才能使课堂教学水平逐步提升。

四、提高课堂时间利用率

在现实教学中，虽然广大师生都认识到了时间的重要性，但是从科学角度来研究并加以利用的人似乎不多。因此，在一些"讲求教育质量"的学校里，一方面教师之间拼命抢占教学时间，另一方面教师在不自觉中浪费着大量的时间。这种浪费是一种无形的时间资源浪费，即低效率造成的一种浪费。大量的不必要的重复性劳动、过度性学习，都是这一浪费的标志性活动。

因此，教师要向课堂时间要效益，就要树立时间的生命性，提高时间的生产值，科学地追求教学效率。

（一）有效管理课堂时间

【案例】

戴老师在带领学生复习"两次世界大战"这个专题时是这样安排时间的。

戴老师提前把看书的任务布置给学生，让学生在进入课堂前，脑子里先有一个大概的轮廓。在教学过程中，戴老师让学生明白应该重点掌握哪些知识点，按照战争复习的步骤：原因——导火线——交战双方——过程——结果——性质——影响，帮助学生再次构筑知识构架图，让学生把基础知识掌握牢固，然后掌握本专题的难点。例如："如何理解'一战'的性质？如何理解'二战'中反法西斯国家胜利的原因"等，使学生更深入透彻地掌握课程构架。

这个知识点的复习大概用三十分钟的时间，还有十五分钟，就要理论联系实际。戴老师在备课过程中，从不同的角度找了一些比较好的题，以及一些往年的考题，按简单、中等、有难度的比例排开，以适合不同程度的学生来复习。最后，还可以带领学生做一套综合训练题，加强学生综合分析问题的能力。

按照上面案例里戴老师这样的课堂时间安排，每一分钟都没有浪费，都被充分利用，而且效果很好，基本上用一节课的时间解决了课本任务。时间在戴老师那里被安排得恰如其分，单位时间的利用率也获得了很大的提高，课堂效果显著。

（二）合理安排时间

【案例】

王老师是这样执教《给予树》的。

王老师问："'给予'这个词语教会了我们一个新的知识，那么，这篇题为"给予树"的课文又能够给予我们什么呢？谁来说说课文写了一件什么事？"

学生1回答："金吉娅去买圣诞礼物，却给一个小女孩买了洋娃娃，妈妈知道后被感动了。"

学生2补充回答："圣诞节快到了，金吉娅去买圣诞礼物，在援助中心看到一棵给予树，她用妈妈给的钱为一个穷苦的小女孩买了一个洋娃娃，妈妈知道后很感动。"

王老师："你们觉得他们两个谁说得更好？为什么？"

另一名学生回答："我觉得第二个同学说得好！因为他在说的时候抓住了事情发生的时间、地点、人物，还有事情的发生、发展和结果。"

王老师赞赏道："你很会评价。说明你认真听了他人的发言，而且听的时候还在思考，这是很好的学习习惯。的确如这名同学所说，抓住时间、地点、人物，还有事情的发生、发展和结果来说，事情就完整了，显得很有条理。"

王老师接下来说："刚才同学们说到金吉娅在援助中心看到一棵给予树，这样的一棵树上寄托了一个小女孩的愿望。同学们还说到妈妈听到这件事后很感动，那么妈妈从始至终都是这样一种感情吗？（学生摇头）在这件事情中，妈妈的感情到底发生了哪些变化呢？请大家默读课文，把相关的语句画下来，然后再读一读。"

学生默读、标画，然后自己练习朗读。

王老师对学生3说："请你读出表现妈妈情感变化的句子。"

学生3："'让我担心的是，家里并不宽裕，我只攒了100美元，却要由五个孩子分享，他们怎么可能买到很多很好的礼物呢？'"

学生4补充："还有：'我有些生气，她到底用这20美元做了什么？''我激动地紧紧拥抱着金吉娅。这个圣诞节，她不但送给我们棒棒糖，还送给我们善良、仁爱、同情和体贴，以及一个陌生女孩如愿以偿的笑脸。'"

王老师微笑着说："几名同学的合作使得我们的发现更为完整了。"

接着，王老师提醒道："课文中'我只攒了100美元，却要由五个孩子分享，他们怎么可能买到很多很好的礼物呢'这句话的意思是'我攒了 100 美元，要分给五个孩子，他们可能买不到很多很好的礼物'。你们认为我理解得准确吗？"

学生 5 回答："我觉得您理解得不对。'只攒了'说明她家不宽裕，攒这些钱很不容易。删掉'只'这个字，表达得就不充分了。"

王老师赞叹道："仅仅一个字，你却能够从中读懂它背后蕴藏着的潜台词，说明你很会读书。"

学生 6："我发现您在理解时忽略了这个'却'字，它在这里表示转折，更加强调了 100 美元真的是太少了。还有'妈妈说，怎么可能买到很多很好的礼物呢'，意思是说根本不可能买到。而您说'可能买不到'，意思是说也有可能买到。"

王老师说："你读得特别认真，每个字都体会得很准确。妈妈说'要由五个孩子分享'和'分给五个孩子'意思一样吗？"

学生 7 回答："不一样。如果是'分'，只是把钱分了，如果是'分享'就有分享快乐的意思。"

王老师点头："是呀！妈妈由衷地希望能够让孩子们分享圣诞节的快乐，但是家里不宽裕。你能够读出妈妈的这份担心吗？妈妈的担心似乎是多余的。当她带孩子们到商场去购物时，孩子们都很高兴。但是，回来的路上，我们却发现妈妈很生气，这又是为什么呢？"

…………

上面案例中，王老师通过自己对文章的"理解"来充分调动学生的思维，让学生畅所欲言，给学生发表见解的机会。这样一来，课堂时间得到了最大程度的运用，课堂单位时间效率也有了很大的提升。

（三）实施时间管理的重要环节

因为每一次课堂教学的时间是有限的，而要想在这有限的时间里把教学工作做得很好，教师就须要保证自己教学时间的充分利用，就要向课堂要效率，不断提高单位时间的利用率。教师有效地进行课堂时间管理可以从以下几个方面着手：

1.科学安排教学内容

通用的教材都符合科学性以及适用性原则，不管是内容还是内容的编排顺序都是科学的，但是编教材的专家也不可能把使用教材的每一个班、每一名学生都切实地加以考虑。这就要求使用教材的教师灵活应用教材，根据学生的实际来备课。在备课时，不仅要备教材，还要备学生，而内容也要符合学生年龄特点和接受能力，科学安排教学内容。

在科学地安排教学内容时，对教材不能做太大的调整。如前后相隔几节课对调是不科学的，这样会引起学生学习上的混乱，增加学生的心理负担，也会给学生复习带来不便。当然，一节课需几课时完成；每课时内容分配，先讲什么，后讲什么；每节课讲多少内容，讲到什么程度，可根据学生情况而定，不能强求一致。

做好这些后，教师在课堂教学时就会觉得时间得到了充分的利用，效率得到了提高。

2.灵活运用教学方法

要想科学地安排教学内容，就要求教师寻求更有效、更灵活的方法将知识传递给学生，使学生能够在较短时间内掌握较多的知识，更快地提高能力。孟子说："教亦多术矣。""术"即教学方法，教师要根据具体情况，采用灵活的教法，不拘一格。

3.妥善处理教学细节

有了好的教法，如果教学细节处理不当，也必然会浪费时间，影响45分钟的课堂效率。那么，教师就要引导学生充分利用教材，合理使用教具，妥善处理教学细节。教师在备课时，要考虑到教学的每一个细节以及处理方法。"课上一分钟，课下十日工"，备好课也是提高课堂效率的关键所在。

4.高度重视学生学法指导

教学是教与学的双向活动。教师的教，只有通过学生的学才能起作用、见效率。"授人以鱼，不如授人以渔。"指导学生学习方法，使学生成为学习的主人，对于把握课堂时间的利用和提高课堂教学效率是十分重要的。

指导学生预习方法。预习不是看一遍书即可，教师可列出提纲让学生通过自学发现问题，带着问题听课。

指导学生听课方法。听清知识的来龙去脉；进行分析、归纳，将知识加以整理以便于记忆；动手将重点内容做笔记以备复习。

指导复习方法。根据艾宾浩斯遗忘曲线，遗忘是先快后慢。这就须要指导学生及时复习，到后来可间隔一定时间再复习，间隔时间随复习次数的增多越来越长。

只要掌握好学习方法，课堂时间的利用率就会大大地提高，而教学效率也必将得到提高。

5.理性对待个别差异

个别差异是客观存在的，不应回避，更不应该否认每一名学生都是特别的。但是个别差异是可以改变的，只要教师采取有效手段，"差生"是可以转变的。

布卢姆这样说过："如果教师能用教20%—25%的优秀生的办法对待其他学生，这个问题就会解决了。"从一定程度上说，向课堂时间要效率，就必须在转化"差生"上多下功夫。

6.善于激发学生的学习兴趣

如果学生上课没有兴趣，那么这课上得就绝对不会有效率。因此，教师在课堂上要善于激发学生的学习兴趣。

爱因斯坦曾经说过："对一切来说,只有喜爱才是最好的教师。"向课堂时间要效率应该从让学生爱上课堂开始。

第 四 章

课堂教学的细节

一、必不可少的课堂教学艺术

组织教学是指在课堂教学中，教师不断地调动学生的情绪，管理纪律，引导学习，建立和谐的教学环境，指导学生进行学习的行为方式。组织教学是课堂教学的重要组成部分，它贯穿在整个教学过程的始终，它是一堂课顺利进行的保证，它直接影响到教学效果的好坏。下面从抓住学生注意力、教师体态语言、学生良好习惯的形成及其培养方法三个方面展开论述。

（一）抓住学生的注意力

1.教学环境对学生注意力的影响

一位小学女教师在学生中很有威信，她平常上课纪律很好。这一天她上课，刚踏进教室，学生就骚动起来。她很纳闷。当她习惯性摸她的大辫子，突然明白原来是她把辫子剪了，学生感到新奇。于是她把剪辫子的原因和经过说给学生听了，一场小小的风波才逐渐平静下来。以上例子说明，新奇的刺激能够分散学生的注意力，这是由于刺激的对比造成的。有些刺激是难以避免的，如大自然中突然发生的雷电及大风、大雨等。然而有许多刺激恰恰是教师造成的。教师穿戴新奇、情绪突然发生变化，强烈刺激物放置位置不当等，都能分散学生的注意力，引起课堂秩序混乱。除教师本身因素外，教室环境的突然变化和过分新奇，也会造成不良后果。如教室布置得过分华丽，墙上贴着新奇古怪的玩意儿或教室太脏、物品太零乱，学生在这样的环境里上课，必然心神不宁。还有些教室门窗坏了，缺少风钩、插栓，经风一吹，窗门砸来砸去，响声很大，其干扰作用十分明显。另一些刺激是由学生自己造成的，例如，突然有学生喊报告，突然有学生把东西弄得很响，等等。一些偶发事件，都会吸引全班学生的注意力。综上所述，教师应尽最大努力来避免可能造成学生注意力分散的强刺激和新异刺激。要做到这一点必须注意或防范以下几个方面：

一是注意自身的穿着打扮。教师穿着应朴素大方，避免差异过大，不要穿奇装异服。如遇到特殊情况，应向学生做必要的说明，或者在上课前先到学生中间转一转，让他们看个够，再进课堂就容易组织教学了。

二是要求学生不要迟到。

三是保持整洁、干净的教学环境。门窗坏了要及时维修，上课前要检查门窗关好没有。教室要布置得朴素大方，不要贴奇异的图案、标语、口号。室内桌椅、地面要擦洗干净，使教室成为一个使人心情舒畅的学习场所。

四是努力提高学生抗干扰能力。有些外界干扰是无法避免的，这就要教育学生有意克制自己，自觉抵制干扰。有时还要特意安排学生在嘈杂的环境里读书、写字、听讲，比赛看谁注意力最集中，以便锻炼学生的抗干扰能力。总之，课堂组织教学要依照学生的心理特点办事，这正如特级教师霍懋征所说："组织课堂教学要依据学生的心理特征。不注意学生心理特征，'我行我素'，违背了学生认识规律，课肯定上不好的。"

2. 有意注意与无意注意交替使用，抓住学生注意力

学生的注意力是不持久的，他们的注意力很容易离开教师所讲的内容，而转向偶然看到或听到的东西上面去，甚至在非常听话、很守纪律的学生中间也偶尔会出现影响课堂秩序的现象。那么，在课堂上怎样集中学生的注意力呢？一般来说应注意以下几点：

（1）正确地运用无意注意规律组织教学

无意注意指没有预定目的，也不需要经过意志努力而实现的

注意。无意注意可以由刺激物本身的特点引起。刺激物本身的特点可以成为顺利地完成课堂教学的因素，也可能造成学生在学习上的"分心"。

所以，在教学过程中就要求教师要善于利用它的有利方面，防止它的不良影响。第一，在教学方法上要避免单调呆板。教师既要非常熟悉教材，并按儿童的年龄特点组织教材，又要运用多样化的教学方式和方法引起学生的注意。第二，把教学组织得生动有趣，加强教学中的直观性也很重要。直观形象的东西最容易引起学生的无意注意，同样一件事，用口头叙述和文字描写，就不如编成故事或用连环画的形式表达出来更容易吸引学生的注意。

（2）在教学中培养学生有意注意的习惯

有意注意是指有意图地给自己设定目的，必要的时候还要有一定的意志努力的注意。课堂教学是复杂活动，会遇到困难和干扰，只依靠无意注意难以完成学习任务。如要克服学习中的困难，把注意力集中在要学的知识上，必须培养学生自觉的、有目的的有意注意能力。这就要求教师在教学过程中自始至终都要使学生明确学习目的。学生对学习目的与学习意义的认识愈清楚、愈深刻，他们就愈能以有意注意来对待他们必须学习的功课。

（3）教学中注意学生有意注意与无意注意的交替

在教学活动中，教师要注意学生有意注意和无意注意的交替。如上课时，在学生明确学习目的的基础上，激发他们学习的积极性，以加强有意注意。然后逐步使他们对学习内容发生兴趣，引起无意注意。在讲解重点、难点时要提醒他们的有意注意，但在一段紧张努力学习之后，再适当变换教学方法，吸引学生自然而然地产生无意注意。总之，教师课堂上善于集中学生的注意力，既能取得良好效果，也能培养学生良好的注意习惯。

（二）教师体态语言与组织教学的联系

作为一名教师，在课堂上注意体态语言对学生的影响是十分重要的。苏联著名教育家马卡连柯曾说过："学生了解你的心理和思维，并不是因为知道你的心里有了什么念头，而是因为看见了你的行为，听到你的语言……我认为高等师范学校应当用其他方法来培养教师们，如怎样站、怎样坐；怎样从桌子旁边的椅子上站起来；怎样提高声音；怎样笑和怎样看等等。'细枝末节'在我们实际工作中是具有决定意义的。"（马卡连柯《论共产主义教育》第405—406页）那么，作为一名教师，在课堂上应注意哪些体态语言的变化呢？一般有以下几点：

1. 五种体态

一是象征性的动作，如挥拳头表示愤怒；二是指示性动作，如用手指明方向；三是暗示性动作，如点头、注视等；四是感情流露的动作，如面部表情，生气、快乐、不耐烦等；五是下意识动作，如手脚不安地移动、抚下巴等。对于这些，教师应根据自己教学内容的需要在不同的教学情况下，采取不同的体态语言。课堂上讲课人的一举一动都十分惹人注目，所以要求教师仪表端正，坐、走、站等姿势正规化、标准化。各种形体动作必须同讲话的内容相吻合，同课堂气氛相一致，才有助于提高讲课效果，有助于消除学生的戒备心理和紧张情绪。

2. 学会用眼睛传神

常言道，眼睛是心灵的窗口。眼睛能表达思想感情，反映出人的心理变化。在上课时，教师一般要注意这样两点：一是用眼睛注视。教学实践证明，教师在上课时，要注意经常不断地在学生当中转移自己的目光，不能只停留在个别学生身上。使每个学生觉得教师不是在上课，而是在和他们进行不间断个别谈话，这样就可以紧紧地抓住学生的注意力。二是注意运用眼神的指导作用。比如在课堂上，用目光调整听者的注意力。用热情的目光对专心听讲的学生，表示教师的满意与赞赏；对注意力不集中、做小动作或窃窃私语的人，用冷漠的目光注视他，待双方目光接触后再移开，可以起到告诫的作用。当然，眼睛传神并非都是友好的表示，有时也表示否定的感情，如怒目而视、侧目而视。在课堂上，教师在否定学生不良行为时，常用贬义的目光表示愤怒、轻视、厌恶情绪，以起到纠正学生错误行为的作用。

3. 学会用笑说话

"笑是表情的花朵。"人的感情丰富多彩，笑也千变万化、多种多样。笑可以调节环境、渲染气氛，使教学情境更融洽。作为一名教师，当你微笑着走上讲台，环视四周，学生就会受到这种笑意的感染，很快使心情安定下来。每堂课都能用笑开始，用笑结束，那么一定会给人留下美好的印象。总之，教师认真研究"体态"这种无声语言，掌握无声语言的艺术，克服各种怪僻动作，可以大大提升教学效果。

（三）学生良好习惯的形成及其培养方法

俄国著名教育家乌申斯基说："如果良好的习惯是一种道德资本，那么，在同样的程度上，坏习惯就是道德上无法偿清的债务了。这种债务能够用不断增长的利息去折磨人，去麻痹他的最好创举，有多少杰出的人物被葬在坏习惯的下面啊！"习惯促使人按一定方式行事，而且比较稳固。因此，从小有计划地使少年儿童养成良好的习惯，对品德教育是非常有必要的举措。

让学生养成良好的学习习惯是学校学生德育工作的一项重要任务。教育者的责任不仅在于使学生了解讲卫生、认真学习、守纪律的道理，更重要的是养成行为文明、专心学习、讲究卫生的习惯。养成习惯，比培养意识困难得多。那么，怎样在课堂上使学生形成良好的学习习惯呢？

1. 在多次重复中形成习惯

学校严格的作息制度、课堂纪律和常规、模仿榜样等都是形成良好习惯的有效措施。这种方法是要求学生坚持做，通过多次重复自然而然地变成习惯。学生一入学就抓课堂常规，通过课堂常规的训练，日久天长，就可以养成许多良好习惯。如上课时书和文具要放在书桌的左上角，坐的姿势要端正；发言要先举手，回答问题要先起立，上课前要准备好学习用品等。每位教师都这样要求，就很容易养成习惯。课堂秩序良好，各项教学工作井井有条，这样就会使儿童感到愉快，师生都可以把主要精力放在教和学上，教学质量也会不断得到提高。

2. 通过练习形成习惯

比如，教师可以通过综合分析、联想、比较、抽象概括等具体化的思维方法，使学生学会动脑筋，逐步养成爱动脑的好习惯。另外，还可以通过竞赛促使学生积极思考，对优胜者和有创造性的学生给予表扬和奖励。

3. 注意克服一些坏习惯

要克服坏习惯，往往比建立好习惯更困难。若想改掉坏习惯，简单的限制并不好，最好的方法是从思想入手，先纠正形成坏习惯的错误意识，再用好习惯逐步取代坏习惯。例如，用自己独立思考完成作业的好习惯去克服经常抄袭别人作业的坏习惯。养成良好的习惯对于做好课堂组织教学十分重要。

教学有法，教无定法。一位高明的教师在课堂中总是因时、因事、因地、因内容制宜，从而牢牢掌控课堂。这种创造性的劳动就是教育机智，或者叫作教育艺术。总而言之，"台上十分钟，台下十年功"。每一位教师只有踏踏实实工作，认认真真做人，在工作中不断探究、总结、积累、创新，才能从教学中找到乐趣，找到艺术。

二、在课堂教学中进行有效沟通

（一）沟通的含义

"沟通"（Communication）是一个抽象词。《大英百科全书》指出，沟通是"若干人或者一群人互相交换信息的行为"。《牛津大辞典》指出，沟通"是借着语言、文学形象来传送或交换观念和知识"。美国《哥伦比亚百科全书》指出，沟通是"思想及信息的传递"。美国著名传播学者布农认为，沟通"是将观念或思想由一个人传送到另一个人的程序，或者是个人自身内的传递，其目的是使接受沟通的人获得思想上的了解"。

谈到沟通，我们就很容易联想到交往、互动，那么他们有什么区别和联系呢？交往是人的一种行为，这种行为是有目的的。而要达到目的，仅仅停留在交往的层面显然是不够的，还要有交往双方的沟通。只有在沟通的基础上，交往的双方才能明白对方的意图，进而对是否继续交往做出自己的判断和决定。例如，谈判是一种典型的交往方式，但如果在谈判中双方都采取强硬立场，互不妥协，那么谈判就会因为无法沟通而破裂。因此，从某种意义上说，沟通是交往的一个间接目的，不达到沟通，交往就没有效果。而互动应该是平等展开的，没有上下之分、尊卑之别，在相互倾听的基础上逐步深入，达到对问题的理解与把握。比如在课堂上，在教师和学生的双向互动中，教师感受到来自对方的智慧挑战，学生感受到与教师理论上的冲突，双方都在这个过程中受益。

（二）沟通教育的重要性

沟通在我们的生活中占有如此重要的地位，那么在教育领域的重要性也不言而喻。沟通教育是指教育者与受教育者之间通过有效语言和其他方式，运用合理协调方式达成互识或形成共识的一种人际沟通，它是发生在特定行为经验视角之间的信息传递、相互对话（含批判性思维）、意义理解和建构，它寻求的是理解个人的和主体间的意义和动机。

沟通教育至关重要，这在美国早期就有一定的体现。现代意义的沟通学起源于20世纪上半叶的美国，但直至20世纪的70年代，沟通学大多局限于大众传播研究，即广播、电视、报纸的效果和影响的研究。因此，许多沟通学研究所都设在新闻学院系内，所研究的内容也大多是新闻理论和业务方面的课题。自20世纪80年代以来，随着信息时代的开始，沟通学的研究和教育远远超出了大众传播的范围。随着科技的高速发展和全球经济竞争的激烈化，人们日益认识到，除了过硬的专业知识外，处理人际关系的技能已成为最重要的技能之一，因此沟通技能受到越来越多的人的重视，人际沟通正逐渐取代大众传播的主导地位。美国许多新闻系、院纷纷改名为沟通系、院。

沟通教育主要是强调提高沟通技能，包括听、说、写的能力，团队合作能力，逻辑推理、解决问题以及组织、活动、领导能力。显然，这种强调沟通技能的教育是一个人的基本素质教育，意义重大。沟通教育一直是美国大学基本教育的组成部分。但自20世纪的70年代末80年代初以来，美国教育者更加强调沟通教育的重要性。不少研究也表明，沟通技能无论对什么职业或行业都至关重要。21世纪的合格人才更需要良好的沟通技能。

为什么同样是上一堂课，有的老师能够旁征博引，激发学生的学习热忱，与学生频繁互动，把学生带入知识的领地，纵横驰骋，碰撞出思想的火花；而有的老师却把一堂课上得如一潭死水毫无波澜？假如老师的知识水平是相当的，我们可以看到老师赢得一堂课，与他的授课技巧、讲课方式有关系，而这些都蕴涵在如何与学生进行有效的沟通之中。

在课堂中沟通是多元的，凡是教师能够影响学生知识结构、情感、态度、行为的肢体语言、口头语言、书面语言等，都可以算作沟通的内容。课堂中的沟通是很微妙的，或许一丝不易觉察到的表情也会影响到学生的整个学习效果。就拿眼神来说，学生一般非常在意老师的目光是否给予自己肯定的赞赏。或许只是老师眼神的一个小小的暗示，学生也会受到莫大的鼓励而踊跃回答老师提出的问题，这也是学生和老师之间默契的交流。从某种意义上说，教师是非常"危险"的职业。因为老师的一句话、一条批语、一个动作、一个眼神都足够影响一个孩子的一生。著名的皮格马利翁效应和蝴蝶效应就是很好的例子。

【案例】

小玉一直是个安静害羞的女孩，她听老师的话，和同学相处也融洽，成绩一般。她不像成绩拔尖的孩子经常被老师点名回答问题，也不像教室后面的捣蛋鬼经常惹得老师横眉冷对。所以整整一个学期快结束了，老师都没有在全班同学面前提到过小玉。有一天的语文课，小玉趴在桌子上抄写讲课笔记。突然，这位小玉最喜欢的新来的漂亮语文老师走到了小玉的身边，轻轻地抚摸了一下小玉的后背，温和地说："小玉，你的字写得很整齐，而且这么细心地整理笔记，学习态度很端正哦，继续加油。"小玉抬头看见老师赞赏的目光，脸上绽放出受宠若惊的表情。几秒钟之后老师走了，小玉的脸上挂着几颗晶莹的泪滴。学期末的考试中，小玉的语文成绩获得了班级第一名。后来小玉的语文成绩一直很好，甚至带动了其他学科。第二个学期，全年级都知道了小玉。此后，更大范围内的人知道了这个品学兼优的女孩的名字。

（三）如何实现课堂中的有效沟通

1. 探索学生的需求

老师每天面对的是新鲜的个体，他们有自己独特的个性和需要。课前老师了解学生的学习需要，是课堂教学中实现有效沟通的基本前提。很多老师由于没有了解清楚学生情况，盲目地按自己认为的情况上课，导致了预设的错误，进而引起生成的恶化。老师对学生需求的探索是对学生基本情况了解和掌握的过程，大到学生的整体学习情况，小到某个学生在某方面的弱点，都是老师进行课堂教学沟通的基本前提。

【案例】

刘老师是全校公认的好老师，他的细心让同学们在上他的课时感到十分惬意。第一堂课经过点名后，他几乎记住了全班每个同学的名字。为了尊重学生，如果学生的名字有三个字的，他绝对亲切地以后两个字来称呼学生。惹得名字是两个字的学生好生"嫉妒"。上过两次课以后，他就知道哪个学生的粉笔字写得最好，于是他经常叫那个学生上黑板给大家抄写所写的内容；他也知道哪个学生朗读得最好，课堂上他总是在关键的时候叫那个学生起来朗读课文；他甚至知道哪个学生最会背诵古文……刘老师发现了每个同学身上的闪光点。

2. 创造民主、平等、真诚的课堂沟通环境

教师首先要在情感上给学生一种亲近感，让他们明白老师给他们充分的表达自己的机会。"插嘴"、有理由的"打断老师的话"、

"提出质疑"，老师都是欢迎的。教师要让学生在心理上消除一种畏惧感，暗示他们老师和学生在讨论问题的时候是平等的关系，无所谓权威和非权威。青少年们每天来到学校，并不是以纯粹的学生——致力学习的人的面貌出现的，他们是以形形色色的个体展现在我们面前的。每一个青少年来到学校，除了获得知识外，还带来了他自己的情感和感受，这正像老师除了教学工作外，还有自己的情感和感受的世界一样。

教师要打破教师的权威观念，在课堂上，要以朋友的身份和学生进行交流，鼓励学生提出新问题、新见解，对学生的新观点要恰到好处地加以点拨，而不是扼杀他们的思维萌芽。苏格拉底主张，教育不是知者随便带动无知者，而是使师生共同寻求真理。这样师生可以互相帮助，互相促进。师生在似是而非的自我理解中寻找难题，在错综复杂的困惑中去自我思考，教师指出寻求答案的方法，提出一连串的问题，而且不回避答疑。时代在发展，信息社会的信息更新速度日新月异，学生往往是最敏感的人，在他们的身上，老师能够捕捉到很多教育信息用于自己的教育设计中。因此，教师也能在某些方面与学生的思想产生共鸣。

3. 教师要提升自身的专业素养

有学者认为教师在课堂中要实现与学生的有效沟通，要和学生站在一起，"要蹲下来和学生说话"，要"和学生打成一片"，"做学生的朋友"。笔者认为这样的判断是有前提的。这个前提就是老师必须在一定范围内是更广泛知识的占有者，必须在学生心目中树立一种知识权威和道德权威形象。只有在这样的前提下，学生才会认可老师，以老师为自己的榜样，在学习的过程中才会深刻领会老师所讲授的内容。因此教师必须提高自己的专业素养。专业素养包括知识素养、职业文化素养等。知识素养除了本学科的一些专业理论知识，也包括学科以外的相关学科知识以及关于人生、理想、道德方面的世界观、价值观等。职业文化素养包括的方面就更多，大到老师的教学气质、老师的处事方式，小到老师的语言谈吐和衣着。简单地说，教师的一言一行都会对学生产生非常重要且深远的影响。这种影响在低年级学生群体中更加突出。老师面对的不是一堆商品，而是一群活生生的生命个体。要想在与学生相处的过程中感知、体察学生的情绪、思想、情感，老师需要具有良好的心理学、教育学方面的知识和从专业角度开发学生专业潜力、提升他们思维水平乃至增强其人格塑造的意识。

现代教师要表现出一种对知识和学习的渴望，以一种孜孜不倦的学习者的形象展现在受教育者眼前；还要表现出个性，坦率地表达自己对诸多事物的看法；永不满足，始终充满积极向上的勇气和激情，不惧变化，敢冒风险，在精神上、意志上鼓励受教育者；善于运用立体、多维、动态的思维方式，表现在具体知识性问题的分析、解答的示范表演之中。可见时代已对教师本身的素养提出了很高的要求。

4.教师要学会倾听

倾听的根本目的是倾听生命和呼应生命。但生命并非抽象的生命，它具体体现在各种欲望、需求、情感、思想，体现在个体生命差异和区别之上。倾听是对作为主体的学生的尊重和爱护，他们有着灵动的思维、丰富的情感，处于青少年阶段的他们内心敏感而细腻。如果教师不能倾听他们内心的话语，而是一味按照自己的思维去定义他们，他们就会感到孤立和困惑。他们需要的是一种温暖的支持，哪怕是在他们犯错误的时候。这就需要老师有一颗包容的心。面对学生接踵而至的错误时，学会倾听的老师会静下心来，仔细听完学生的解释，判断出应然和实然的因素，然后从学生的角度或立场出发去看问题，找到合适的解决办法。

教师要灵活应变，适应课堂多种角色。在教学中，教师要有灵活应对课堂突发事件的能力，在多变的课堂教学情境中，教师扮演着多重角色。教师的角色不仅仅是"教"者、"述"者、"问"者或指导者，而且是"学"者、"听"者，更是整体活动进程灵活的调度者和障碍排除者，是课堂信息捕捉者、判断者、组织者。一个有效沟通的课堂就是一个有着教育智能与机智的课堂。教育智能与机智指的是那种能使教师在不断变化的教育情景中随机应变的细心的技能。教育情景是不断变化的，因为学生在变，教师在变，气氛在变，换言之，教师不断地面临挑战。要看到的是在课堂沟通中，教师和学生必然会遇到很多沟通障碍，在这些过程中，作为组织者的教师必须要有充足的信心和耐心去努力减少和克服这些障碍。

在课堂中，教师是一面旗帜，他们的身影跳跃在学生们的视野里。要上好一堂课，教师与学生的有效沟通是关键中的关键。教师首先要给予学生爱，只有在这样的大前提下，教师才会懂得去倾听学生的生命感悟，才会谅解学生的不完美，才会把课堂中的几十分钟当成生命的事业来对待。总之，在课堂中，教师与学生的沟通体现在很多方面，合理沟通，善于沟通，才能在教师与学生之间架起心灵的桥梁。有效的课堂沟通必然带给学生精神上的营养，使整个课堂在教师的带领下焕发出十足的活力。

三、做好新课导入

德国教育家阿道尔夫·第斯多惠说过："教学的艺术不在于传授本领，而在于激励、唤醒、鼓舞。"理想的导入是教师经验、学识、智慧和创造的结晶。它就像一把钥匙，开启学生的心扉，营造愉悦的学习氛围，激发学生的求知欲望和学习兴趣。导入做得好不好，对后面的教学影响很大。

导入的方法很多，这里介绍其中的几种：

（一）直接导入法

直接导入法是最简单和最常用的一种导入方法。它要求教师在上课开始时直接阐明学习目标和要求，以及本节课的教学内容和教学安排，通过简短的语言叙述、设问等引起学生的关注，使学生迅速地进入学习情境。

【案例】

师："同学们，上节课我们跟随老舍爷爷访问了内蒙古大草原，那一碧千里、翠色欲流的草原风光是那样令人神往。天涯碧草，美如画卷，已经深深地印在了我们心中。这节课，我们将继续围绕诗句'蒙汉情深何忍别，天涯碧草话斜阳'，去着重体会动态描写，感受蒙汉情深。"

开门见山，直接点题的导入，可以使学生迅速进入主题，节省教学时间。

（二）问题导入法

问题导入法是指教师通过提出富有挑战性的问题使学生产生疑虑，引起学生的联想、思考，从而产生学习和探究欲望的一种导入方法。

请看一位中学物理老师的导入案例：

【案例】

教师：同学们，咱们班最近参加了拔河比赛，你们说，拔河从拉绳来看，赢方一端的拉力大，还是输方一端的拉力大？

学生们先是一愣，接着争先恐后地回答：赢方一端的拉力大！

教师：不对！拉绳上两端的拉力一样大。

学生：为什么？为什么？

同学们睁大眼睛惊奇地问道。

教师：因为牛顿第三定律告诉我们：作用力和反作用力相等。今天我们就要来学习这一定律。

问题导入的形式多种多样，可以由教师提问，也可以由学生提问；可以单刀直入，直接提出问题，也可以从侧面提问设置悬疑；可以由直接问句的形式来呈现，也可以由"谜语"等形式来呈现。

（三）悬念或矛盾展示导入法

悬念导入法是指教师在教学中创设带有悬念性的问题，给学生造成一种神秘感，从而激起学生的好奇心和求知欲的一种导入方法。设置悬念或展示矛盾，或使人困惑，要出乎学生意料，造成学生心理上的焦虑、渴望和兴奋，使其想尽快知道究竟。

下面是一位语文教师在教李白的《赠汪伦》这首诗时的一个案例：

【案例】

教师：李白是我国唐代的大诗人，可是他上过一次当，受过一次骗。

（悬念已成。）

学生：上的什么当？他还会受骗吗？

教师：这个骗他上当的就是汪伦。

（同学们面面相觑，悬念更悬。）

教师：汪伦是安徽泾县的一位隐者，他非常喜欢李白的诗，崇拜李白的为人，知道李白爱饮酒，"李白斗酒诗百篇"，还了解李白"三山五岳寻芳遍，一生爱把名山游"。于是写信给李白，信中说："先生好游乎？此地有千里桃花。先生好酒乎？此地有万家酒店。"

（教师将"桃花"和"万"字写在黑板上。）

教师：李白和汪伦素不相识，接信后，连忙赶到汪伦那里。汪伦解释道："桃花者，潭水名也，并没有桃花；万家者，店主人姓万，并没有一万家酒店。"

（教师在黑板上"桃花"后加一"潭"字，在"万"前加一"姓"字。）

教师：后来，李白与汪伦谈得很投机，李白离开时，汪伦送了马和布，还同村里人一同送行，李白很受感动，就写了这首诗。诗的结尾说："桃花潭水深千尺，不及汪伦送我情。"李白要是不上当，就没有这首好诗了。

（学生们听得津津有味，故事听懂了，诗也记得了。）

利用悬念激发学生的好奇心，引发思考，启迪思维，往往能收到事半功倍的效果。但创设悬念要恰当适度，应结合教学内容及学生的心理承受能力而设置，不可偏离了教学方向。

（四）故事导入法

故事导入法是指教师利用学生爱听故事、趣闻轶事的心理，通过讲述与教学内容有关的故事、寓言、传说等，激发学生兴趣，启迪学生思维，创造情境，引出新课，使学生自觉进行新知识学习的一种导入方法。

请看下面的案例：

【案例】

教师：同学们，你们听说过用手抓飞行中子弹的事吗？

（同学们神色惊讶，表示不可思议。）

学生：子弹飞得那么快，能用手抓住吗？

教师：第一次世界大战期间，一名法国飞行员，在2000米高空飞行时，感觉到有一个小虫似的东西在身边蠕动，伸手一抓，大吃一惊，原来抓到的竟是一颗德国制造的子弹。

（同学们个个十分惊疑。）

教师：我们今天学的课题"运动和静止"就要探讨这个问题。

采用故事导入时，教师要注意导入的效果不仅与故事本身的趣味性有关，还与讲故事的方式有关。

四、重视语言的艺术

语言是构成思维的外壳，是人们用语音按照一定的规则表达思想、交流感情的工具，是人类特有的交际手段。讲课是通过有声语言以及文字来传授知识的，特别是有声语言，是教与学的一个桥梁与纽带。没有语言这个桥梁，课堂教学就难以进行。

教学语言是教师在把知识、技能传授给学生过程中使用的语言，它是教师传递教学信息的媒体，是一种专门行业的工作用语。教学语言在教书育人的过程中具有极其重要的作用。教师在教学实践中都有这样的体会：听一堂好课，就像观赏一幅名画，心旷神怡；就像欣赏一首名曲，余音绕梁，这就是教学语言的审美价值。马卡连柯说过："同样的教学方法，因为语言不同，就可能相差二十倍。"这充分说明了语言就是教师"传道、授业、解惑"的武器。因为在教学过程中，无论是和学生进行知识信息的反馈，师生之间的感情交流，对学生的个性的熏陶、感化，组织教学，还是引导学生观察、记忆、思维、想象等智力和创造性活动，都必须借助教学语言。只有通过教学语言，引导学生多种感官、神经系统和大脑积极的活动，才会为他们所接受，起到语言的交际作用，使获得的感性认识实现理性的飞跃。可见，教学语言几乎是教师须臾不能离开的最重要的工具。即使现代化技术大量应用于教学领域，也不能削弱教学语言的作用，相反，对它的要求更严格、更严密了。

教学语言艺术就是教师在教学过程中如何选择完美的语言培养人才的技能和技巧。教学语言艺术反映了教师的能力和水平，同时，在一定程度上，决定着教师的教学效果。

一堂好课需要多种教学艺术的综合运用，如语言艺术、提问艺术、组织教学艺术等。而语言艺术是最基础的，它几乎贯穿在各种教学艺术当中。教师只有不断提高自己的语言素养，才能更好地运用其他的教学艺术，达到好的教学效果。

课堂教学语言是指教师进行课堂教学所使用的语言，或称教学用语。它既不同于哲学、政治、法律和自然科学的用语，也有别于文学、艺术的用语；既不是纯粹的书面语言，也不是普通的日常用语。

那么，教师怎样才能使自己的课堂教学语言具有较高的艺术性呢？

（一）课堂教学语言要精练、准确、清晰、逻辑性强

语言精练就是指教学语言要少而精。语言精练要求教师能提纲挈领和简明扼要地表达基本原理、主要观点、重点、难点。学生已知的或不重要的要少说或不说，点到为止；学生不了解的或重要的，要多说或详说，并要说得恰到好处。要用最少的字句表达尽量多的内容，词约旨丰，一语中的，有详有略，详略得体。

在教学过程中，教师语言不精练，拖泥带水，夸夸其谈，华而不实，都影响课时的充分利用。有些教师主观上也想抓住重点，释疑解惑，启发诱导，但往往由于驾驭语言的水平较低，讲课时旁征博引，毫无目的地肆意发挥，结果教师讲得天花乱坠，而学

生却不解其意。而一些有经验的教师则非常重视提炼教学语言，他们紧扣教材重点、难点进行讲解，言简意赅，有的放矢。这样能腾出一定的课时让学生充分思考和练习，从而有利于学生发展智力，减轻作业负担，提高学习效率。

课堂教学语言用词要准确，保证达意传情，符合科学性、富有教育性。课堂语言绝不能含糊不清、模棱两可，更不能为了追求语言的生动形象，以词害意，甚至忘了科学性、教育性。

语言清晰主要指吐字清晰和思路清晰。课堂教学语言要清晰悦耳，保证让学生听清楚你说了些什么，所以发音必须标准，吐字必须清楚，做到字正腔圆，张口如拨古筝，清新明亮，讲话娓娓动听，使学生悦耳倾心。思路清晰是指教师讲课观点明确，重点突出，层次性强，语言要符合汉语语法规则。

语言要有逻辑性指课堂教学语言要前后一贯，上下承接，顺理成章，合乎思维的逻辑结构、规则和规律。教学时，教师忽略了所讲内容间的有机联系，那么每节课不是概念的罗列，就是观点的组合，当然显得单调枯燥、呆板无趣。倘若教师能够深入挖掘教材内容间的内在联系，在学生已有知识水平和思维能力的基础上，运用逻辑推理进行教学，就能层层深入，取得较好效果。

（二）课堂教学语言要有节奏，抑扬顿挫

语言的节奏就是在教学过程中，根据学生对知识信息接收的情况，合理控制语言速度的缓急。教学语言节奏的快慢，直接影响着学生的思维活动。所以，语言的节奏要以感情变化为基础，和教学内容本身相一致，在调节自己课堂语言节奏时，要做到快慢得当，高低适宜。语言的速度是指教师在一定时间里吐字的快慢多少，疏密间隔。在讲一节课的所有内容时只用一种速度，就会显得很平淡。该快时不快，拖泥带水，使人感到拖沓；该慢时不慢，像放连珠炮，学生无暇思考，令人难以听懂。灵活地掌握语流速度，既能使讲课清楚生动，又符合在有限的时间里传播最大的信息量的要求。语言速度的变化，要服从内容的需要。如果是一堂课的开始，因为学生课间休息，精神松弛，有的学生没有很好地预习、复习，害怕老师提问而精神紧张。此时，教师无论是复习旧课，还是导入新课，课堂语言都宜慢，就像汽车轮船刚刚启动，有一个逐渐导入轨道航向的过程。当学生情绪已调动起来，思维进入正常轨道时，语言和教学进度可逐渐加快。当教师分析教材的重点和难点时，由于这些内容输入学生的大脑要有一个处理转换过程，这时的语言又宜慢不宜快。当教师由一个教学环节过渡到另一个教学环节时，此时的教学语言又宜快不宜慢。当教师为了有意识地锻炼学生的思维敏捷力和在有限的时间里组织语言的能力或强记能力时，又可以适当加快语言节奏。总之，不能只顾自己讲，不考虑学生实际情况。说话过快，学生没有思考时间；说话过慢，又满足不了学生求知欲望。无论快慢都必须根据教材的内容和学生的接受能力而定；都必须快而不乱，有序有度，慢而不断，要有节奏。例如，在讲"质量互变规律"时，当讲到质变和量变的关系时，由于这是重点和难点，所以就要放慢速度进行讲解，以便让学生理解。

语言要抑扬顿挫是指教师上课时语调处理的高低起伏的统一。抑扬是语调的主要表现手段之一。语调的高亢是"扬"，语调的低沉是"抑"。有时为了表达一种内容，必须带一种一气呵成的语势，像飞瀑激流，气吞长虹，动人心魄；有时为了表达另一种内容，语言宜平缓清晰，一字一句，字正腔圆，犹如帘洞滴水，叮当有声。

声调变换直接关系到讲课的效果。总是平淡低沉的声调或是慢慢吞吞的声调，容易使课堂气氛沉闷；相反，总是高亢震耳的声调，会影响学生思考、品味，容易引起疲倦。掌握良好的声调节奏，是为了适应学生听觉的需要，符合学生思维活动的规律，增强语言的艺术性，达到好的教学效果。

顿挫，也叫停顿。这是有声语言表情达意必不可少的手段。讲课中，适当停顿可以更好地表达教学内容，体现语言的结构和教师的感情。它有助于学生更清楚地理解教师所讲的事理，在停顿间隙进行思考、消化。停顿大体有如下几种情况：一是为了吸引学生注意力而停顿；二是为了加强逻辑性、层次性而停顿；三是为突出重点、难点而略加停顿；四是为强化高潮，使高潮进一步"升华"而停顿。

总之，教师根据教材内容适当变换语调，或高昂，或低沉；适当运用停顿，使语言节奏抑扬顿挫，从而大大提高语言的表现力，达到良好的教学效果。

在讲课中，对教师在语言上的要求有三个层次：清楚，得当，艺术。所谓清楚，是指教师所讲的每一句话，特别是重要的话，都能送到每一个学生的耳朵里。这是最基本的要求，这一要求做不到，其他要求都谈不上。

所谓得当，一是指用词准确，用语恰当；二是指讲话的速度不快不慢，声音不高不低，情绪不急不缓。既要在关键时刻有激情，也要注意在大部分时间里心平气和，自然流畅。

那么，语言的艺术性一般有哪些特征呢？

（一）针对性

针对性就是针对不同的教育对象、教学环境运用不同的教学语言，即因材施教。教师的语言要因人而异，有针对性地进行变化。

【案例】

《论语·颜渊》中记载，樊迟、司马牛、仲弓和颜渊均曾向孔子问"仁"，孔子做出了四种不同的回答：

樊迟问仁。子曰："爱人。"

司马牛问仁。子曰："仁者，其言也讱。"

仲弓问仁。子曰："出门如见大宾，使民如承大祭。己所不欲，勿施于人。在邦无怨，在家无怨。"

颜渊问仁。子曰："克己复礼为仁，一日克己复礼，天下归仁焉。……非礼勿视，非礼勿听，非礼勿言，非礼勿动。"

樊迟的资质较鲁钝，孔子对他就只讲"仁"的最基本概念——"爱人"；司马牛因"多言而躁"，孔子就告诫他做一个仁人要说话谨慎，不要急于表态；仲弓对人不够谦恭，不能体谅别人，孔子就教他忠恕之道，要能将心比心推己及人；颜渊是孔门第一大弟子，已有很高的德行，所以孔子就用仁的最高标准来要求他——视、听、言、行，一举一动都要合乎礼的规范。总之，根据学生的基础和个性的不同，孔子对同一问题做出了四种深浅不一的回答，既切合教学对象的思想实际，又体现出教学内容的层次性。

（二）启发性

启发性是指教师在课堂上要从学生想弄懂却难以弄懂，想说清却难以说清的地方开始，有步骤地引导学生去弄懂、去说清，不直接告诉学生答案，而是抓住学生思维过程中的矛盾，启发诱导，步步深入，将对话引向正轨，得出正确的结论。

请看苏格拉底帮助某青年认清正义与非正义问题的一番经典对话：

【案例】

苏问：虚伪应归于哪一类？

答：应归入非正义类。

苏问：偷盗、欺骗、奴役等应归入哪一类？

答：非正义类。

苏问：如果一个将军惩罚了那些极大地伤害了其国家利益的敌人，并对他们加以奴役，这能说是非正义吗？

答：不能。

苏问：如果他偷走敌人的财物或在作战中欺骗了敌人，这种行为怎么看呢？

答：这当然正确，但我指的是欺骗朋友。

苏问：那好吧，我们就专门讨论朋友间的问题。假如一位将军所统率的军队已经丧失了士气，精神面临崩溃，他欺骗自己的士兵说援军马上就到，从而鼓舞起斗志取得胜利，这种行为该如何理解？

答：应算是正义的。

苏问：如果一个孩子有病不肯吃药，父亲骗他说药不苦、很好吃，哄他吃下去了，结果治好了病，这种行为该属于哪一类呢？

答：应属于正义类。

苏格拉底仍不罢休，又问：如果一个人发了疯，他的朋友怕他自杀，偷走了他的刀子和利器，这种偷盗行为是正义的吗？

答：是，他们也应属于这一类。

五、增强板书技能

板书技能是教师设计和运用写在黑板或投影片上的文字、符号、线条和图像的方式，向学生呈现教学内容、认知过程，使知识条理化、系统化，帮助学生正确理解，增强记忆，辅助课堂口语的表达，保留传输信息，提高教学效率的一类教学行为。精心设计板书，并能及时而恰当地加以运用，是完成课堂教学任务、增强教学效果的必不可少的辅助手段。为增强这一辅助手段，应注意以下要求：

（一）明确板书的功能

由板书的设计和运用构成的板书技能，具有以下重要功能：

1. 揭示教学内容，体现教材结构和教学程序

板书的首要功能就是提供教学内容的要点，帮助学生掌握所学知识结构，使学生一看板书，便一目了然。板书还体现教学程序，有条不紊地呈现知识的重点；按照认识规律，体现培养学生分析、综合、归纳、演绎等思维能力。

2. 激发兴趣，凝聚注意力，启发思考

设计巧妙、书写工整、画艺精湛、布局美观的板书，能够给学生以美的感受，从而达到激发兴趣、凝聚注意力的作用。

3. 有利于学生听好课，记好笔记，增强记忆

有了鲜明、直观的板书，学生不仅听"课"，而且能看，便于记好笔记。多种感官协调活动，远远超过"耳听"的学习效果。精心设计的板书，也是反映知识结构的提纲。凡是条理化、网络化的知识，既便于迁移，又便于记忆。

4. 有助于学生理清文章脉络或教学内容的发展线索

好的板书常常以精炼的文字辅以线条、箭头等符号，将教材的重要内容及作者的思路，清晰地展现出来。

5. 规范、正确的板书能为学生做出示范

教师工整、优美的板书经常是学生书写（包括字体风格、列

解题步骤等书写内容、运笔姿势等）的模仿典范。心理学认为，使学生获得每个动作在空间上的正确视觉形象（包括其方向位置、幅度、速度、停顿和持续变化等），对许多动作技能的形成是十分重要的。在学生看来，教师的板书就是典范，因此，教师写黑板字，画图，使用圆规、直尺绘图及解题时都应规范、正确。

明确了上述板书技能，就应不断增强实现板书功能的自觉性。

（二）把握板书技能的类型

板书可分为正板书与副板书。正板书是由教材的章节顺序，教学内容纲要，主要概念、公式，主要图形，重点例题以及论证、计算的重要步骤等组成的，能呈现教学的重点和难点。它一般占黑板的主要板面。副板书，是在教学过程中，因学生听不清或听不懂，或者作为正板书的补充或注脚而随时写在黑板上的文字、诱导思维的草稿以及学生的板演等。正板书为板书之首，应力求高度概括，文辞简洁，书之有"格"，用之有"序"；而副板书为板书辅佐，一般灵活多变，有临场解惑，指迷、纠错、提醒和启迪等功效，使用得当，能使板书更加增色。

板书的样式很多，大体上可以分为以下六种：

1. 纲要式

纲要式的板书，是对一节课的内容分析和综合，用精要的文辞形成能反映知识的结构、重点和关键的提纲。纲要式板书在文字表述上，应力求简练并符合本学科的词语特色。

2. 表格式

即用列表的方式，对知识进行比较、分析与综合，具有化繁为简、比较异同、分析综合和增强记忆的效果。

3. 表解式

一个比较复杂的事物或事件，以大小括号、关系框图的形式，将纲目及要点组成一个比较简明并能反映出从属关系的结构，从而加深学生对事物或事件的理解。

4.图示式

即用图文表示变化过程，具有图文并茂、形象直观、简明精练、便于速记等优点。

5.网络式

这是将零散孤立的知识"串联"和"并联"，组成系统化的知识网络。这样的板书，能帮助学生加深理解，便于记忆和知识的迁移。

6.运算式

运算式的板书，是将列方程和计算过程展示出来。优点是文字少，逻辑性强，便于学生了解解题思路和步骤。

根据教学内容与学生实际，灵活运用上述各类形式的板书，有利于提高课堂教学效果。

（三）遵循板书应用技能的要求

教师在设计和运用板书时，应遵循下列要求：

第一，板书应体现教学目标和内容。教学目标规定板书设计的主题和结构；教材内容是凝练板书词语的依据。只有体现教学目标与内容的板书，才能揭示教学重点和关键，以及内容的精髓，才具有高度的概括性。

第二，板书应体现教学程序，有条不紊地呈现知识；板书还应体现训练技能和培养能力的顺序。

第三，板书应展现知识的系统性，知识纲目、层次的逻辑性，能揭示知识的来龙去脉，小结知识和合理组合。

第四，板书要具有启发性、简洁性。形象直观、提纲挈领、合乎逻辑的板书，才能起到启迪思维的作用。一个短语、一条线或一个箭头，都应明确其丰富的含义。这种以少胜多、画龙点睛的简洁板书，利于长时间留存在记忆里，利于培养学生对教材内容的联想。

第五，板书的布局应合理，字形正确，字体端正。板书的语言既要简练规范，又要生动好记。对仗工整的语句，歌诀式的语言，都便于记忆，应注重使用。

第六，板书使用的方式可灵活多变，可边讲边写，也可先讲后写或先出示板书后讲解。为了扩大每节课的容量，教师应广泛地使用投影片先设计好板书，在屏幕上显示。使用这种代替黑板的"板书"，应注意部分的遮幅和展现，以免影响或分散学生的注意力。

（四）不断提高板书技能

高超的板书技能，是在长期教学实践中锻炼和培养出来的。每一位教师都应从练好三字（粉笔字、硬笔字与毛笔字）一画（简笔画）开始，注意对板书技能的培养，以不断提高自己的板书技能，为学生提高教学质量服务。

教师的板书反映的是一节课的内容，它往往将所教授的材料浓缩成纲要的形式，并将难点、重点、要点、线索等有条理地呈现给学生，有利于学生理解基本概念、定义、定理，当堂巩固知识。教师板书的内容往往就是学生课堂笔记的主要内容，这无疑对学生的课后复习起引导、提示作用。

六、掌握教学过渡的技巧

要想提高教学效果，教师不仅要保证整个教学活动的节奏行云流水，而且要注重各个教学环节之间的有机关联、互相贯通、层层推进。而这就需要教师掌握教学过渡的技巧。

教学过渡通常有三项基本要求：过渡要自然，过渡要能引发思考，过渡要因情而异。下面我们就来介绍几种常见的过渡方法：

（一）分析法

这种方式是指将众多的内容及问题进行必要的分析、精简、归纳、总结、梳理，以导出重点要讲的问题，进而使课堂教学的目的任务更为明确。

这样的课堂过渡语常常会起到纲举目张的作用，承上启下，自然而然地带出课堂教学的下一个环节。

（二）演绎法

演绎法是用于前后环节的教学内容在逻辑上是推论关系的衔接方法。使用该法进行过渡，首先，要复习前一个环节所得出的一般性结论或定律，这是进行演绎性衔接的前提；其次，要向学生揭示该节的结论或定律将要推论或应用的方面；最后，顺势引入下一个教学环节。

【案例】

有位老师在讲"物质世界的辩证发展规律"时是这样过渡的：

通过前面的学习，我们知道了世界是物质的，而物质世界又是普遍联系和变化发展的。那么，这种联系和发展是随意的呢，还是有规律的呢？这就是我们下面所要讲的问题——物质世界的辩证发展规律。

这种方式入题较快，主题鲜明，给人以清醒的提示，效果比较好。

（三）提问法

提问法是通过富有新意的问题的创设，将学生从一个问题带到另一个问题上去，以实现课堂教学内容的转换和课堂整体结构的安排完美衔接。

【案例】

一位教师在讲有关"世界贸易组织"时是这样过渡的：

师："请问同学们，2001 年我国对外开放中的一件大事是什么？"

生："加入 WTO。"

师："对，就是加入世界贸易组织。下面我们就有关世界贸易组织的一些基本问题进行学习。"

问题的提出，引起学生的兴趣，并使其注意力实现了预期中的转移。

七、引人入胜的课堂提问

课堂提问是课堂教学中教师最熟悉、使用最频繁的一种教学手段。不过，用得多并不能说明用得完全有效，事实上，当前的课堂教学中充斥着大量的无效提问。比如表面性的提问，看起来有声有响，实际上空洞无益；习惯性的提问，没有经过精心设计，随便发问，发问不少，而收效甚微；惩罚性的提问，因为某些学生心不在焉而突然发问，易激发学生的恐慌情绪，进而产生抵触逆反心理。诸如此类的提问，充其量是有提问之形而无提问之实，只能称为"假"提问。

有效性提问是指提出的问题能使学生产生怀疑、困惑、焦虑、探索的心理状态，这种心理状态又驱使他们积极思考，不断提出问题和解决问题。教师的有效性提问是指教师根据课堂教学的目标和内容，创设良好的教学环境和氛围，有计划、有针对性、创造性地激发学生主动地参与探究，不断提出问题、解决问题的课堂提问方式。有效的课堂提问应具有以下特征：

（一）科学性

教师首先要在了解学生的心理需求、认知发展水平的前提下吃透教材，这样才能在教学内容与学生实际发展状况之间找到恰当的结合点，从而真正从学生出发，科学合理地设计问题。

课堂提问的科学性还体现为三个"适"，即适时、适量、适度。适时即教师提问要选择合适的时机，并适时反馈、及时点拨；适量即教师恰到好处地掌握提问的频率，使问题的设置疏密相间，不宜过密，也不宜过疏；适度即所提问题的难度要适中，不可太难而让学生有望而生畏之感，也不可太易而使学生不动脑筋就能轻易解答。这里的度应体现为问题对学生的要求恰好落在学生的"最近发展区"之内。正像有位教育家所说："要把知识的果实放在让学生跳一跳才能够得着的位置。"这样提问才能激发学生的好奇心和积极性，学生一旦通过努力获得问题的答案，必然会感到由衷的喜悦和极大的成就感，从而大大增强学习的信心和积极性。

（二）启发性

启发性提问是教师充分调动学生的认知、情感、态度，促进学生积极思考，主动探究，并不断提升其思维水平和探究能力的过程。运用启发性提问，教师可以引发学生的认知冲突，激起他们的探究欲望；也可以层层设问，使学生的思维得以不断地拓宽或加深；还可以旁敲侧击、融会贯通，使学生在举一反三、推陈出新中实现思维水平的跨越。

启发性的问题是有针对性的问题。教师可以针对学习的重点、难点提问，针对不同层次学生的不同状况提问，针对同一问题的不同深度提问，针对课堂教学推进的不同环节提问，针对种种特定的教学情境提问。启发性的问题也是具有一定探究性的问题，通过问题的设置，引导学生自主探究解决问题的方法。不管是启发性的问题还是具有开放性的问题，同一个知识点教师可以让学生从不同角度多途径思考，纵横联想所学知识，为其创新思维和拓宽思维空间打下良好的基础。

（三）创造性

课堂提问的创造性体现为两个方面：教师提出问题的创造性和学生解答问题的创造性。从教师提出问题的角度看，课堂提问的创造性是指教师充分发挥自身的教育智慧而灵活、机智、巧妙地提出问题，从而显示出教师教育活动的创造性。从学生解答问题的角度看，课堂提问的创造性体现为能够激起学生思维的活跃性，使其多向联想，从而创造性地提出自己的独特见解，体现出学生学习活动中的创造性。创造性是课堂提问有效性中含金量最高的指标，是学生求异思维和创新品质的灵魂。教师的创造性提问可以积极影响学生的思维，进而促成学生创造性水平的不断提升。

课堂提问的方法主要有以下几种：

（一）知识性提问

知识性提问是考查学生概念、字、词、公式、法则等基础知识记忆情况的提问方式，是一种最简单的提问。在知识性提问中，教师经常使用的关键词有：谁、是什么、在哪里、什么时候、有哪些。例如：

长方形的面积公式是什么？

（二）应用性提问

应用性提问是检查学生如何运用所学概念、规则和原理等知识解决问题的提问方式。在应用性提问中，教师经常使用的关键词是：应用、运用、分类、分辨、选择、举例等。例如：

你能运用所学的历史知识分析陈胜、吴广农民起义的起因吗？

你能用千分尺测量一根金属丝的直径吗？

你能运用所学过的面积公式，计算你家里的面积吗？

（三）理解性提问

理解性提问是用来检查学生对已学的知识及技能的理解和掌握情况的提问方式，多用于某个概念、原理讲解之后，或学期课程结束之后。理解性提问是较高级的提问。在理解性提问中，教师经常使用的关键词是：叙述、阐述、比较、对照、解释等。例如：

你能说出水污染对人类的生活有什么影响吗？

你能用自己的话阐述《小橘灯》这篇课文的中心思想吗？

你能说说两次国共合作的历史背景有什么不同吗？

（四）分析性提问

分析性提问是要求学生通过分析知识结构因素，弄清概念之间的关系或者事件的前因后果，最后得出结论的提问方式。在分析性提问中，教师经常使用的关键词是：为什么、哪些因素、什么原理、什么关系、得出结论、论证、证明、分析等。例如：

我国当前为什么要采取公有制为主体，多种所有制共同发展的社会主义经济制度？

为什么坏血病曾一度是海员的常见病？

《詹天佑》一文讲解后，设计这样一个问题：本文写詹天佑修筑京张铁路的事迹，表现了他是一个爱国工程师，为什么却用很大篇幅写帝国主义的阻挠和自然条件的恶劣，这与文章表现的主题有什么关系？

（五）综合性提问

综合性提问是要求学生发现知识之间的内在联系，并在此基础上使学生把教材内容的概念、规则等重新组合的提问方式。这种提问可以激发学生的想象力和创造力。在综合性提问中，教师经常使用的关键词是：预见、创作、假如……会……、如果……会……、结合……谈……、根据……你能想出……的解决方法、总结等。例如：

假如《项链》中的玛蒂尔德没有把项链弄丢，你推测舞会后她的生活会发生变化吗？会有什么变化？

假如地球上的森林被砍伐光了，地球会发生什么变化？

你能预测一下，地磁极突然颠倒会有什么情况发生吗？

八、激发潜能的课堂评价

课堂评价在课堂教学中发挥着重要的作用。它可以成为课堂教学的推进器，使课堂教学向着更高的境界迈进；它又是课堂教学中的调剂，可以拉近师生、生生之间及文本与学生之间的距离；它还可以成为课堂中的清醒剂，让学生的思维活动能够向着正确的方向进行；它更是发挥学生潜能的促进剂，使学生在课堂教学中焕发出令人惊喜的生机与活力。

那么，怎样才能在课堂教学中实施切实而有效的"真"评价呢？

对此，有必要重新深入地认识《基础教育课程改革纲要（试行）》中对教育教学评价所做的阐述："建立学生全面发展的评价体系。评价不仅要关注学生的学业成绩，而且要发现和发展学生多方面的潜能，了解学生发展中的需求，帮助学生认识自我，建立自信。发挥评价的教育功能，促进学生在原有水平上的发展。"

坚持这样的改革方向，总结实践教学在课堂评价方面的经验和教训，我们认为，积极有效的课堂教学评价应该注重以下四个方面：

（一）全面性

对学生的全面评价即从知识、能力、过程、方法、情感等方面对学生的学习进行多元化、多标准评价，·这是促进学生全面和谐发展、提高学生综合素质的有效手段。课堂教学中对学生实施全面评价的可行之路是观察，或者说，对学生的观察本身就是一种评价。如"很快做完作业，显得十分自豪地交了上来。""学习成绩很好，却对新开设的探究课感到沮丧和无奈。""××的语文总考不好，但他的诗写得很有感染力。""经常被班里其他同学取笑"等，这些都是对学生的一种评价。为求观察与评价的全面性和实效性，教师可编制较为详尽具体的多元化课堂观察评价表。当然，如果教师头脑中有较强的评价意识和明确的观察指标，那么就没有必要花费时间和精力去制作和填写这样的表格。

（二）适度性

一方面，鼓励和赞扬是开启学生心理、感情大门的钥匙，能有效增强学生的自信心、参与意识和自主意识，有利于学生人格的健康发展。美国著名心理学家威廉·詹姆斯说过："人性最高层的需求就是渴望别人欣赏。"因而身为教师，我们必须明确一点，每一个学生都有一种潜在的上进心和荣誉感。教师应成为一个美的发现者，善于在每一个学生尤其是那些学习成绩总是提不上去或性格内向自卑的学生身上发掘各种闪光之处，并及时适当地传递给学生。一旦这样做了，一段时间之后，我们就会惊喜地发现教育中的皮格马利翁效应的确具有超乎想象的威力！

但另一方面，教师也应看到一味赞扬、鼓励往往助长学生的自满情绪和浮躁心理，使他们不能及时了解自身的不足和问题所在，久而久之，学生在错误的道路上越走越远，会严重影响后来的学习和发展。因而教师对学生的赞扬应因人因时因情境而异，该大加赞扬时不吝溢美之词，该客观肯定时要公正适度。但在不足与问题面前，则应明确指出，以免危及以后的学习，一旦发现学生的严重错误，更有必要严厉批评，以绝后患。对于课堂上调皮淘气的学生，可以当众批评；而对于一向老实冷静的同学的反常行为，则应谨慎处理，不可当众呵斥。

（三）及时性

课堂教学中，教师应有一双敏锐的眼睛，时时注意观察学生的掌握状况、情绪态度、言谈举止，并及时给予适当的反馈，从而使课堂教学在一种积极热烈的良性互动中不断得以推进，也使所有学生都能获得不同程度的启迪和提升。

及时性评价要求教师对学生的课堂行为具有较高的敏感度，要多观察，并善于发现问题，准确把握学生的思维和情绪状态。同时，教师还应不断提升自己的应变能力，这样才能对学生的种种反应做出及时而恰当的评价。

需要特别指出的是，课堂教学中，在没有弄清问题的实质，没有看清学生的真实意图之前，准确地说，教师的及时性评价应该体现为一种恰当而及时的应对措施，这种表现为宽容、忍耐和期待的延迟性评价，与评价的及时性并不抵触。

（四）具体性

课堂教学中教师的每一句评价都应具体明确，不能过于笼统，只说一句"你真棒""很好"等，这样的简单评价只能使学生听起来糊里糊涂，起不到评价的实际意义。教师不妨借鉴这样的课堂评价语言"你听得真仔细，这么细微的地方你都注意到了！""你的思维很独特，能具体说说你的想法吗？""读得多有感情啊，尤其是对话读得最出色，读出了不同的语气，大家都被你感动了！""你是一位非常负责的材料员，每一次实验后都能把材料整理得整整齐齐！"……这样的课堂评价一方面能使学生切实感受到老师对自己的关注和尊重，感受到老师确实在认真地观察自己的行为或听自己的发言，另一方面也会使学生认为自己确实拥有老师所说的优点，从而大大增强自信心和学习热情。

九、课堂讲授中的问题与解决方案

讲授法是历史最悠久、运用最广泛的一种传统的教学方法。讲授法是指教师运用精练生动的口头言语，系统地向学生传授科学文化知识、解决学生学习中的疑难困惑、培养学生学习能力的一种方式。随着新课程的推行，原有的教学方法、教学模式、教学内容等受到了冲击与挑战。新课程理念强调以学生的发展为本，强调学生自主探索知识的经历和获得新知识的体验，强调教师是教学活动的组织者、引导者和合作者。那么，是不是说讲授法就过时了呢？答案是否定的。但是，新课程呼唤新的讲授法，需要讲授法的再生。为此，教师须要正视当前课堂讲授中存在的问题。

（一）存在的问题

同其他方法一样，讲授法有它的优点也有它的不足。近年来人们对讲授法的质疑、批评和指责之声日高，但这不是讲授法自身的问题，而是教师在运用过程中出现的问题。其主要表现有：

一是被教材束缚，盲目崇拜教参。教学难点怎样确定？是根据教参的提示，还是教师备课过程中的认识，还是学生在学习过程中遇到的问题？多少年来，很多教师仅信任两类书：教材和教参，一切唯教参为准。随着时代发展，学生越来越聪明，获得信息的渠道越来越多，得到的资源越来越丰富，如果教师还停留在"唯相对滞后的教参为准"的传统教学水平上的话，教师就失去了让学生接受的资本，课堂教学也就失去了鲜活的个性，失去了它应有的教育性和生命力。

二是不考虑学情，一"讲"到底。受传统的"知识中心、教师中心、课堂中心"观念的影响，不少教师重教轻学，往往只考虑自己怎样讲得全面、透彻、精彩，认为只有这样，学生才能掌握得越多、越好。长此以往，教师就会产生一种心理定式，觉得不讲不放心，不讲学生就学不到东西，于是注入式、填鸭式、满堂灌愈演愈烈。学生也不知不觉形成了依赖心理，不主动读书、思考，一切等老师来讲。正是这种期待和依赖心理严重地削弱了学生学习的主动性、独立性和创造性。这是目前讲授法运用过程中存在的一种相当普遍的状况，也是危害性较大的状况。

三是教学语言拖沓无序，游离于教学内容之外。与一堂好课使人心旷神怡、余音在耳相反，有些教师课堂上不断地重复、不停地唠叨，与其说是讲给学生听，不如说是讲给他们自己听。有的教师为显示课堂"厚度"，信口开河，脱离主题，一发不可收拾，使教学变为闲聊，使学生如坠云雾之中，几乎学不到什么东西。

四是讲授的"度"把握不当。课堂上教师该讲多长时间谁说了算？上级规定说了算还是视需要而定？显然应该是后者。是学生的心理发展需要、知识结构的需要（不同教材的难易有别，不同学科的特征各异）、课堂的需要（动态的、生成的课堂）、课型的需要说了算。总之，课堂讲授时间的长短，要视课堂教学的实际需要而定。面面俱到，蜻蜓点水，会失之于浅；信马由缰，随心所欲，会失之于滥；超纲脱本，必失之于深。因此，课堂教学中的"讲"，必须有一个合适的"度"。

五是重预设，轻生成。预设是教师对教学的整体设计所达到结果的预测，主体是教师。生成就是建构与生长，是师生、生生在交往与对话中产生的超出教师预设之外的新情况、新问题，生成的主体是学生。有的教师在教学设计中，把内容分解到细小的点，在教学实施中提出强化微观知识点学习的要求，学生很少有自主思考的时间，生成知识的机会自然就少了。还有的教师甚至把教学设计定位在零起点上，一切从"零"开始，使学生的生成降到了"冰点凝固"。

【案例】

这样回答不可以吗？

四年级某班作文练习，老师让学生写出形容花的短语或句子，大部分同学皆曰："春天来了，百花齐放，万紫千红。"有两位同学比喻花是"大地的时装"，一个坐在后排的学生怯生生地说："春天花亮了，秋天花灭了，花是灯。"

老师评语：大多数同学很好，那两位同学及格，后排同学不及格——花是灯，电在哪？

又让学生组句："雪化以后变成什么？"大多数同学曰：变成江水。一名小女生说：变成春天。

老师批点：小女生跳着走路，莫名其妙！

（二）解决的方案

一是学科渗透，知识整合，课外扩展。叶圣陶曾说："教育的最后目标是使各个部分分立的课程能发生的影响纠结在一起，构成有机体似的境界，让学生的身心都沉浸其中。"教师在处理教材时，应立足于本学科素养的培养，以本学科的知识为主体，尽可能地吸收各相关学科的知识或背景材料，把它们作为教学资源的生成点，引导学生运用各种方法、经由不同途径进行探究，使各科教材资源得到创造性应用。拓展就是根据课堂教学的实际需要，对教材内容进行适当补充和增加，让教学不停留在掌握课内知识的水平上，更主要的是通过课内的学习引发学生更多的课外思考，向社会和现实生活延伸。成功的教学表现为既立足于教材，又不局限于教材；既立足于课堂，又不局限于课堂。

二是以学定教。从根本上讲，课堂教学的核心是学生的学习，教是为了学生更好地学。"以学定教"就是在课堂教学中教师的教学内容和方法要根据学生的实际情况而定，并在教学过程中加以调整，进行二次备课甚至多次备课。这样的课堂是生成性的课堂，课前的教案只是一种预案，而每一堂课就成为一种不可重复的创造性劳动。

三是语言精练、准确，做到深入浅出。语言精练是指教学语言要少而精。这要求教师能提纲挈领地表达基本原理、主要观点、重点和难点等。语言准确能保证达意传情，富有教育性。课堂教学要能达到深入浅出，要求教师既要能准确、流畅地使用口头语言，还要尽量使用非逻辑思维技巧，用易懂的语言表达复杂、深奥的知识。

四是掌握教学节奏，提高教学效率。根据试验和经验，在45分钟的一节课里，学生学习时的注意力变化分为五个阶段：第一，0—5分钟，注意力分散；第二，6—15分钟，注意力比较集中；第三，16—20分钟，疲劳，注意力较分散；第四，21—40分钟，注意力集中；第五，40—45分钟，疲劳，注意力分散。根据以上变化规律，教学的节奏在开头5分钟可以松弛些；在第二阶段加强紧张度，让学生学到新的知识；在第三阶段可再把节奏放松，减轻学生的负担；第四阶段是一节课的黄金时间，学生的注意力有可能高度集中，教学节奏应该适度加强、加紧、加快，重点和难点可在此段突破，讲的力度要大；最后5分钟节奏应自然放慢。

【案例】

半岛

步骤一，用一个清晰的定义作为开始："一个半岛就是伸入海洋或湖泊的陆地，三面临水，一面与陆地相连。"

步骤二，提供关于此概念的例子，并将此概念与定义联系起来："请看地图，阿拉伯半岛是世界上最大的半岛，加利福尼亚半岛是一个典型的半岛。"

步骤三，提供反例或者消极例子："墨西哥不是一个半岛，它两面都与陆地相连。澳大利亚不是半岛，它完全被水环绕着。"

步骤四，对学生的理解进行检查："说出世界上著名的半岛。"

从此案例可以看出，此堂课教师步骤明了，讲授清晰，用正反例加深学生的理解，通过检查，所学知识得以巩固。

十、做好课堂教学演示

（一）课堂教学演示的意义

1. 教学演示概述

教学演示又称演示教学法，它是教师在课堂教学过程中配合讲授和问答，向学生展示实物、模型、标本、画面或通过幻灯、投影、影视、实验等演示，说明有关事物的特点和发展过程，使学生获得感性认识的一种教学活动方式。

演示是出现较早的辅助教学的一种方式，其目的是说明、印证教学内容涉及的重要事物，促进学生的理解或指导学生的实际操作。由于它符合从生动的直观到抽象的思维，再从抽象的思维到实践这一认识规律，因此受到了许多教育家的重视。我国战国时期的荀况就提出，教学要以"闻见"为基础。17世纪的捷克教育家夸美纽斯曾指出："凡是需要知道的事物，都要通过本身来进行教学，那就是说，应该尽可能把事物本身或代替它的图像放在面前，让学生去看看、摸摸、听听、闻闻等等。"他认为教学应"先示实物，后教文字"，所以他首创了图文并茂的教科书，编写了第一本以图配文的《世界图解》教材。后来，俄国的教育家乌申斯基做了更深刻的论证，他指出："一般来说，儿童是依靠形式、颜色、声音和感觉来进行思维的。"他还指出："逻辑不是别的东西，而是自然界里的事物和现象的联系在我们头脑中的反映。"这些见解对今天依然有非常重要的意义。

课堂教学中重视演示，其原因有两个方面。首先，感性认识（或直接经验）是学生掌握书本知识的重要基础。教学主要是传授书本知识，又主要是通过语言文字进行的，而青少年学生的直接经验是相对有限的。为了保证教学的速度、系统性和效率，不可能让学生事事实践，因而就容易导致知识的抽象、空洞、不好理解，所以就要求教学必须运用直观演示的手段。其次，人的思维发展是从具体到抽象的，中小学生的思维具有具体形象性的特点，其思维经常要有具体、直观的感性经验的直接支持。这也要求在教学中运用直观的演示手段，丰富学生的感性经验，以减少掌握抽象知识的困难。

如今，随着科学技术的发展，大量的现代教育技术和媒体进入教学领域，对改革教学方法起了极大的推动作用；教学仪器蓬勃发展更为演示提供了日益丰富的手段和材料；视听手段日新月异，演示范围更大，演示的优势越来越明显。

2. 教学演示的作用

（1）教学演示能使学生获得生动而直观的感性知识，加深对学习内容的印象，把书本上的理论知识和实际事物联系起来，形成正确而深刻的概念。

例如，为形成果实这一概念，教师可以提供各种实物，让学生充分观察所有的果实都有种子这一本质特征，但有的可食，有的不可食，形、色、味也各不相同，排除这些非本质的特征，从而理解果实是植物含有种子的器官，形成果实的正确概念。

（2）教学演示能提供一些形象的感性材料，引起学生学习的兴趣，集中学生的注意力，有助于学生对所学知识的深入理解、记忆和巩固。

【案例】

有位物理教师为了使学生掌握"力矩"这一概念，根据学生已学过力、力臂以及杠杆知识的情况，做了这样三个演示实验：第一个实验是相同力臂，加以不同的力，从而使杠杆向较大的力的方向转动，启发学生了解转动效果与力的关系；第二个实验是力相同，而力臂不同，杠杆向力臂长的方向转动，使学生进一步看到产生转动的效果与力臂有关；第三个实验是力不同，力臂也不同，但是力与力臂的乘积相同，结果杠杆不动。三个演示引起了学生浓厚的兴趣，并展开了热烈的讨论，大家都急于想进一步探索其中的奥秘。在此基础上，教师再引导学生进行概括，得出结论：使杠杆产生转动效果的既不全是力，也不全是力臂，而是它们的乘积"力矩"，从而使学生牢固地掌握了"力矩"这一概念。

（3）教学演示有助于锻炼学生的观察力和形象思维能力。

【案例】

教小学生学"门、刀、鸟"这几个字，可以让学生对照实物认一认，想一想，把字形和事物形象进行比较。"门"是外框就像门口；"刀"的第一笔"横折钩"像转笔刀的外壳，第二笔像是刀；"鸟"的第一撇像鸟的羽毛，上半部像鸟的头，"竖折折钩"像鸟的身体，"最后的横"像鸟的尾巴等。经过这一演示，学生不仅能迅速掌握这些字形，而且观察力和形象思维能力得到了提升。

（4）教学演示有助于开发学生的潜力，减轻学习的疲劳程度，提高教学效率。

【案例】

一位教师在讲授"商不变性质"一节时，首先给学生播放动画故事"猪八戒吃西瓜"：有一天，猪八戒来到了高老庄，为了表现一下自己的本领，他在高老庄干起活来，但他那贪吃的本性没有变。他对庄主说："大热天的，你总要给我些西瓜吃吃吧？"庄主答应每天都给他西瓜吃，又叫手下人拿4个西瓜给猪八戒，要他平均分成两天吃，猪八戒连忙说："太少了，太少了！"庄主说："我给你8个西瓜，你要平均分成4天吃。"猪八戒又说："老庄主，开开恩，能不能再多给点？"老庄主摸摸胡子说："那好吧，我给你16个西瓜，你要平均分成8天吃。"猪八戒连声说："好的，好的！"然后得意扬扬地走了。这时老庄主和手下都笑了起来。接着，老师从老庄主和手下人为什么笑这一问题出发，引导学生思考，从而掌握商不变的性质。这样富有故事性和趣味性的演示，就有助于减轻学生学习的疲劳程度，使其保持轻松愉悦的学习心态，教师的教学效率也会明显提高。

（二）课堂教学演示的类型

1. 实物、标本、模型的演示

在教学过程中，演示实物、标本和模型的目的是使学生具体感知教学对象的有关形态和结构特征，以便获得直接的感性认识。

实物是生动性和真实性最强的演示材料，最能反映事物原本的属性。但受时间和空间等条件的限制，不易在课堂中充分利用，也不易使学生一下子把握其内在特征。标本是指经过特殊处理或保持实物原样，供教学、研究用的动物、植物或矿物等的样本。它不受时间和空间的限制，而且便于观察，例如生活在海洋里的生物（如海星、海胆、海龙、海马等），体内寄生的生物（如蛔虫、绦虫等），以及分布在远方的动植物体。另外，要在自然界长期观察的对象，如蚕和蝌蚪的发育，用标本都可以收到良好的效果，既缩短了时间，又为观察提供了方便。但它也不易使学生把握事物的内在特征。

模型与实物、标本不同，它不是实际物体的本身，而是根据教学的需要，以实物作为模型，经过加工而模拟制成的仿制品。虽然模型的真实性较实物、标本要差些，但可以帮助学生认识学习对象的立体外型，还能向学生揭示物体的内部结构。例如：在生物课上讲人体的骨骼和人体的循环系统时，只要将模型在课堂上展示，学生对复杂的人体骨骼和血管内脏就可以看得清清楚楚了。另外，模型在从宏观和微观两个角度表现物体，帮助学生理解教学内容方面，也具有特殊的作用，如化学的分子结构模型、物理的发动机模型、地理的沙盘模型等。

2. 挂图演示

挂图是教学中使用最早的一种教学工具。它不但制作方法简单，而且形式可以灵活多样，使用时不受地点条件的限制。挂图一般包括两类：一类是正规的印刷品，一类是教师自制的简略图、设计图、结构图、分类图、表格图和象形图。

3. 幻灯、投影演示

幻灯、投影演示即使用幻灯机、投影仪进行的演示。幻灯机和投影仪是现代教学中运用得十分广泛的直观教学媒体，它制作简单，成本低廉，容易掌握，并可以变抽象为具体，化虚为实，化大为小，化整为零，有助于在较短的时间向学生提供有关事物的丰富感性材料。

教学用幻灯机按其功能分为手动幻灯机、自动幻灯机和显微镜幻灯机三种。运用手动幻灯机在放映时须要用手换片和调焦操作，功能不完善，现在已很少使用。自动幻灯机的机械和电器部分比较复杂，可以通过线机或无线遥控完成换片、调焦、开机、关机等操作。显微镜幻灯机主要用于放映生物切片或半透明微生物等。

投影仪分为两类，一类是书写投影仪，运用时将文字、图形制作到透明胶片上，光线穿过胶片通过镜头，投影到屏幕上。另一类是实物反射投影仪，运用时不须制作投影胶片，能直接将教材、书刊、图形等印刷品和较薄的实物投影到银幕上。

幻灯、投影演示尽管有许多优点和便利之处，但也有局限性。主要是画面的活动性差，连续性不强，只有"视"没有"听"。

4. 影视演示

这类演示是指用电影、电视、计算机等现代化教学媒体进行的演示。电影、电视具有鲜明生动、直观形象的图像和同步的情景性语言，因此，这类演示能使教学内容得到充分表达，有助于激发学生的学习动机，有助于集中学生的注意力，有助于学生对知识的理解。计算机演示通常是运用电子投影仪放映演示文稿或教学课件进行的。利用影视的教学方法有两种，一种是辅助课堂教学，一种是电影、电视教学课。

5. 实验演示

实验演示是理科教学中，为了使学生对教学内容获得直观的感性认识，培养学生的观察与实际操作能力而通过实验进行的演示。实验演示有三个突出的特点，即科学性、直观性和启发性。课堂教学的实验演示从目的上看，可分为获取新知识的演示实验和验证、巩固知识的演示实验两种；从内容范围上看，可以演示实验的全过程，也可只演示实验的开始或实验的结果，即演示实验的片段。

（三）课堂教学演示的技巧

教学演示的艺术性关键在于它能够充分调动学生的积极性，促使学生对所学知识产生浓厚的兴趣（想去观察、体验和研究它）。要达到这一效果，教师要掌握一定的演示技巧。

1. 演示与语言讲解紧密结合

教师在演示的同时进行必要的讲解或为了配合讲解进行直观教具、实验等的演示，能使学生视听结合，更好地接受知识，对于提高他们的理解力和巩固知识有重要的作用。结合的常用形式有以下四种：

（1）利用语言指导学生的观察

在这种结合形式下，直观教学手段所能反映出来的知识，是学生自己通过观察获得的。这时，教师的语言不是直接传授知识，而是指导学生有重点地观察，启发他们思考问题。

（2）引导学生自己得出观察的结论

这种结合方式，是由教师先提出总的问题，然后让学生自己观察。在学生观察的基础上，引导学生自己得出相应的概括性的结论，最后由教师进行总结。

（3）利用直观手段辅助语言讲解

在这种形式中，利用直观教学手段的目的是对教师的语言起到验证和具体化的作用。学生的知识不是从观察中直接得到的，而是通过教师的语言描述和教学手段所反映出来的知识相结合的过程中获得的。

（4）以直观教学手段作为讲解的出发点

这种结合方式由教师提出问题，然后由学生对直观手段进行观察，最后由教师对学生的观察进行概括并上升到理论的高度。这时，直观教学手段的应用只是作为教师讲解的出发点，为学生的学习提供感性基础。

以上四种形式中，前两种是使学生认识事物的外部形态，从对事物的直接观察中感知教学内容，然后通过教师的讲解解决疑难问题，得出结论，上升为理论。后两种直观教学手段是作为教师讲解的辅助工具，用这些工具来证实、验证教学内容，为学生理解教学内容提供感性材料。

2.课堂教学演示要适时适度

所谓演示适时，就是指教具在恰当的时候被演示。教师演示某一教具总有其特殊的目的、特定的时机，或在开始讲授新知识时演示，或在讲授的过程中演示，或在巩固、复习阶段演示，或在指导学生实验之前演示。该什么时间演示就在什么时间演示，不要提前。提前了，学生会被教具吸引，无心去注意正在学习的内容；也不能在相应内容学习完毕后，仍把教具放在那让学生观看，这样不能转移学生的注意力，影响后面内容的学习。因此，把握演示时机是关键。

演示适度，指教师在每堂课的演示不多，却又能达到预期效果。毕竟，演示只是一种教学手段而不是目的，不能为演示而演示。如果在一堂课里，各种演示纷至沓来，弄得学生眼花缭乱，应接不暇，就会喧宾夺主，弄巧成拙，不仅收不到预期效果，还会适得其反。

3.选取能给学生提供较强刺激的素材

在选择设计演示实验时，应该注意选取能给学生提供较强刺激的那些素材，但太强烈的刺激对学习的影响不好，最好是选取既能激发学生的情感活动，又不会分散学习兴趣的那些内容。

【案例】

在讲授超重和失重时，有的教师用细线拉重锤进行演示。当重锤处于静止状态时，细线可以提供足够的拉力来平衡重力。当教师用细线拉着重锤突然加速向上运动时，细线突然断开，铁锤便重重地落下，学生们都心里一惊。在讲授分子力时，将压光的铅块压在一起，吊起装有好几个重锤的塑料桶。学生先看到吊的是一个塑料桶，没觉得怎样，当把塑料桶中的四个重锤一个接一个地拿出来时，学生们发出了一阵惊呼。在观看这样强烈刺激的演示实验时，学生就不容易分散注意力，同时对所学知识也会留下深刻的印象。

（四）活用教具

教具的活用也会使演示成为吸引学生的、取得最佳效果的教学艺术。例如，中小学作文对于老师和学生都是件头疼的事。"没东西可写"是最大的难题。看图作文，有一幅图摆在眼前，该有东西写了吧，但学生因经历和想象力不同，也有人写不好。有的老师使用学生自己小时候的照片来做教具，要学生去写作文，取得了超乎寻常的成功。

使用学生小时候的照片开展作文活动的过程是这样的：

一是让学生自选一幅自己小时候的照片。（在低年级，教师事先须征得家长的同意）

二是在准备好的绘画用的厚纸上，贴好照片，照片下面留出写说明的空白，让学生写上必要的说明：什么时候照的，在做什么，照片中还有什么人。

三是以四名学生为一组，各自说明自己的照片，回答同学提出的问题。问题可能包括：照片是几岁的时候拍的（时间），在什么地方拍的（地点），谁拍的，在你旁边的是谁（人物），你在做什么，为什么笑，为什么穿得那么漂亮（事件）等等。这种谈话在活跃的气氛中进行，可以引起学生写作文的兴趣，这也是对照片扩展想象的过程。

四是各人分别写作文。可以参考先前写的说明，也可以参照同学们交谈的内容。可以只写照片中的形象，也可以再写写拍照片的经过等等。

五是让学生把写出来的作文拿回家去，给家里人看，再问一问拍照时的情形。有可能的话，请父母也写一段关于照片的补充说明，贴在孩子的作品背后。

六是把这些照片和作文拿到教室里展出，最后发还给学生，嘱咐他们保存好照片和作文。

用上述过程来安排学生的作文活动，学生写作文的兴趣就会被调动起来，产生一种强烈的写作欲望，写起来不但内容丰富，语言也会活泼得多。这样做比我们通常的《童年忆趣》《我的童年》等命题作文更能吸引学生，获得更好的效果。这也就是演示的艺术魅力在起作用。

（五）设置悬念，引导探索

演示任何教具都要让学生有渴望教具出现的心理，以便教具出现后能吸引学生认真观察和积极思维。因此，演示教具应有简短的引言，努力激发学生想看、想弄清楚某些问题的欲望。例如教学"鲫鱼的外部形态"，在演示鲫鱼外部形态挂图时，教师应先提出：鲫鱼生活在什么环境中？它具有哪些跟这种环境相适应的形态、结构呢？让学生根据日常生活经验进行思考，然后演示挂图指导观察。这样，演示挂图前学生已有期待挂图出现的心理，集中了注意力，而且在挂图出现后学生的注意力会集中在应当观察的主要方面。

十一、避免教学缺失与过度教学

（一）什么是真正的有效教学

有效教学提了这么多年，但始终没有定论，自然也不能明确什么才是有效教学的方法与策略。相反，在有效教学的召唤下，一些人为了追求所谓的"有效结果"，采取了一些非常规的教学方法与手段。这样，不但加重了学生的学习负担，更加重了学生的精神负担，让学生产生了厌学情绪。

一般认为，只要找到了有效教学的方法与策略，一切教学问题都会迎刃而解。其实教学的有效性就在课堂之中，就在教师课堂决策的选择之中。一个班50个学生，当有35个学生听懂了，还有15个学生没有听懂时，教师该选择重复讲解，还是继续下一个教学环节？如果教师选择了重复讲解，那么有35个学生的时间就被浪费了；如果教师选择继续下一个教学环节，就意味着有15个学生的学习机会被浪费了。

由此，我们可以发现，课堂的有效与无效，并不是绝对的。当教师选择某一种教学方法时，达到的效果有可能比其他教学方法更好一点，也有可能差一点，但总归是起作用的。

以前人们理解有效教学，总是从课堂的整体教学效果出发。现在看来，这样的理解可能流于肤浅。教师的教学方法可能对某些学生有效，但对另外一些学生无效。可能某种教学设计对班级学生的总体情况有效，但对个别学生无效。因此，当大家公认的"有效教学"真正落实到个别学生身上时，不一定有效。由此，我们还可以联想到另外一个问题，那就是对学生掌握知识有效的教学方法，并不一定对提升学生的能力有效；对提升学生能力有效的方法，并不一定能高效地帮助学生掌握知识。

对有效教学的理解，从学生角度出发远比从教师角度出发更有现实意义。教师上课时的讲授对那些认知能力强的学生更有效。而实验及动手操作对于实践能力强的学生更有效。在人们的惯常思维中，总是将知识与能力相等同，可在教育实践中，教师为了让学生掌握更多的知识，不惜放弃提高学生能力的案例也比比皆是。

（二）教学缺失与过度教学

的确，要理解什么是有效教学，从学生的角度出发更有意义。但要理解无效教学的产生，就须要回到教师的角度。无效教学有两个主要来源——教学缺失与过度教学。教学缺失，指教师的教学行为不到位使得课堂没有达到预期的教学效果。比如，当班上只有25%的学生理解了相关学习内容时，教师就不再继续教学，从而浪费了75%的学生的学习机会。过度教学，指当绝大多数学生已经理解了相关学习内容时，教师仍然重复已讲过的内容。对于那些已经理解了的学生来说，这就是过度教学；对于那些尚未理解的学生来说，如果教师的教学方式不发生变化，这也是一种过度教学。

教学缺失包括教学数量、教学强度和教学智慧的缺失。教学数量指教师应当完成的正常教学时数。教学数量缺失，属于教学事故。教学强度是对教师教学水平的基本要求。教学强度缺失，指教师在课堂上在须要强化的地方有所弱化，比如对需要练习的知识点没有让学生进行相应的练习。教学智慧是教师个人素养的展现，对课堂教学效率影响最大。教学智慧缺失，指教师在学科思维、学科结构等方面缺乏整体设计能力和把握能力。

从课堂教学实践来看，整体上教学缺失并不明显，而教学过度则要厉害得多。然而，一旦对教学缺失进行细分，问题也就相应暴露出来了。当前，教学数量的缺失并不多见，而且主要表现在非考试科目上；教学强度的缺失也不多见，教师为了获得更好的教学效果，在教学强度上往往会不遗余力；最主要的问题在于教师教学智慧的缺失。这并不是说教师没有教学智慧，而是指教师往往过于关注课堂教学的某个或某几个环节而忽视课堂的整体效果，过于关注某一节或某几节课的效果，而不关心一学期或一学年的整体教学设计或安排。

教学缺失走向另一面就是教学过度。当前，教学缺失主要是教学智慧的缺失，教学过度主要表现为考试科目的教学量过度和教学强度过度。

如今，一些教师为了使学生获得优异的成绩，不考虑学生的学习能力和学习兴趣，让他们没日没夜地学习学科知识。在没有学习能力为基础、学习兴趣为保障的情况下，走加班加点教与学的道路虽然能让少数学生获得优异的成绩，但实践已经证明这条路越走越窄。更重要的是，就算这样可以证明教师的教学投入程度与学生的学习投入程度，最终损失的是学生的学习兴趣，以及培养学生学习能力的最佳时机。

（三）从教学缺失到有效教学

讨论教学缺失和过度教学的目的，是希望课堂教学能够消除这两种状况，从而实现有效教学。客观来看，绝大多数教师在课堂教学中都是尽力而为的。一方面，来自教师自身的责任感；另一方面，在众多学生面前，教师也不可能表现出偷懒或不负责任。因此，在教育实践中出现的教学缺失现象，更多的是教师认识不到位或者能力欠缺所致。谈到如何避免教学缺失，核心问题主要在两个方面：一是对课堂教学实践来说，关注课堂教学强度应该放在什么时候，放在什么教学点上；二是对教师个人来说，要弥补教学智慧上的缺失，需要提高个人能力和基本素养。正因为存在教学智慧缺失，当下才会如此强调教师的专业发展。

目前，课堂教学最大的问题，既与教学强度有关，也与教学智慧有关。虽然许多学校都在提"向课堂45分钟要效率"，但实际上不是课堂上度过的每分钟都有效率。学生在课堂上集中精力的时间是有限的，每堂课的教学重点与难点也是非常有限的，能否把这两者结合起来，即把教学强度用在教学重点与难点上，这本身就和教学智慧息息相关。

其实，正因为教师这个群体非常负责任，所以在教育实践中，当找不到切实有效的教学方法与策略时，教师情愿向过度教学靠拢，也不愿在教学缺失中背负不负责任的精神负担和制度惩罚。

（四）从过度教学到有效教学

在教学缺失与过度教学之间，过度教学有更多的迷惑性，而且过度教学对学生的伤害更大。为什么说过度教学有迷惑性呢？是因为在传统的观念中，虽然我们都明白"过犹不及"的道理，但往往更容易原谅做事过度的人。在教育中更是如此，对于过度教学的教师，即使他没有达成既定的教学目标，人们往往也会肯定其勤恳的教学态度。

与此相对应的，教学缺失导致的结果是让学生少掌握了知识，或者学到的东西不够深刻，更有可能引起人们的不满。需要特别注意的是，过度教学也有可能让学生学不好，或者即使学到了东西，也会感受到学习的重压，甚至因此对继续学习丧失信心与兴趣。

目前，人们对过度教学关注不够。由于教育结果的显现具有滞后性，除了评价学生的学习成绩外，人们很难想到有什么科学的评价标准可以完全公正地衡量课堂教学。当分数被作为唯一评价依据广受批评时，人们就顺势转向了评价课堂教学的过程。由于仍然欠缺科学、合理的评价依据，现实评课中，评课者往往把青睐的目光投向那些在教学环节耗时更长、教学方法更多样的教师。正是这种浅层化的评价观，导致了课堂教学在浅层上的繁忙，在行为与强度上的过度。更让人担心的是，这种浅层化的课堂教学评价观已经深入人心，深入每一个相关者的思想观念。现如今，不管学生还是教师，都知道要"减负"，但这个"负"为什么就是减不下来呢？也许就是因为教师们还没有找到比增加课业更好的方法。

我们都明白熟能生巧的道理，只有通过教学为学生打下扎实的知识基础，才能使学生的后续学习更加顺畅。但问题在于，教师们教完了基础知识之后，往往跳不出先前熟悉的教学模式，总是过度使用单一的教学方法。其实，并不是学生不想学，但如果教师总是重复使用一种教学方法，学生的学习兴趣就会被消磨殆尽。

现在，我们期望课堂教学的容量能小一些，教师的教学方法能更丰富一点。一是因为学生在单一教学方法上容易倦怠，二是因为不同学生的学习方法不一样。如果教师的教学方法过于单一，就会给学习方法与教学方法不匹配的学生造成不良影响。要让教师掌握多种教学方法并不困难，但要让教师实现多种教学方法间的自由转换，对教师的教学智慧就提出了很高的要求。

从教学缺失到有效教学，最终的决定因素是教学智慧。从过度教学到有效教学的决定因素，仍然是教学智慧在起作用。这就意味着，对有效教学的追求必须指向教师的专业发展。

十二、举足轻重的结课技能

一堂好课,不仅应当有良好的开端,还应该有余音绕梁的结尾。教师应当合理安排课堂教学的结尾,精心设计一个"言有尽而意无穷"的结语,做到善始善终,给课堂教学画上圆满的句号。

（一）结课技能的概念

结课技能是教师在一个教学内容结束或一节课的教学任务终了时,通过归纳总结、重复强调、实践等活动有目的、有计划地使学生对所学的新知识、新技能进行及时的巩固、概括、运用,把新知识、新技能纳入原有的认知结构,使学生形成新的完整的认知结构,并为以后的教学做好过渡的一类教学行为。

结课技能不仅应用于一节课的结束、一章知识的结束,也经常应用于相对独立的教学阶段的结尾。

（二）结课的功能

结课在课堂教学中发挥着举足轻重的作用,概括起来有以下几个方面:

1. 条理化、系统化功能

一般来说,一堂课要经历几个教学阶段,每一阶段都有各自的特点和任务,其中有主有次,而且后面的教学活动往往冲淡了前面的学习内容,学生一时难以形成完善的知识结构。恰当的结课可以帮助学生进行简要的回忆和整理,理清知识脉络,便于学生把握教学重点,使学生容易从复杂的教学内容中总结归纳储存的信息。

2. 巩固强化功能

结课其实是一种"及时回忆"。知识的再次重复、深化,会加深记忆。根据教育心理学家的研究，课堂及时回忆要比六小时后回忆效率高出四倍。

3. 启发开智功能

有激情的小结会使学生在感情上得到启迪，领会到新感觉、新情趣。小学阶段是学生逻辑思维、抽象思维形成的重要阶段。课堂结束的主要思维形式是归纳概括，因而非常有利于学生抽象思维能力的培养与提高。

4. 教学过渡功能

有时，课堂教学要利用几个课时才能讲完一个完整的教学内容，这就要求教师进行教学设计时，既要使结课对本节课的教学内容进行总结概括，又要为下一节或以后的教学内容做好铺垫。

（三）结课的要求

在实际的课堂教学中，要充分发挥结课的作用，圆满地完成课堂教学的任务，结课应按以下基本要求进行：

1. 自然贴切，水到渠成

课堂教学结束是一堂课发展的必然结果，它既反映了课堂教学内容的客观要求，又体现了课堂教学的科学性。教师在教学过程中，要严格按照课前设计的教学计划、教学过程由前而后依次进行。力求做到有目的地调整课堂教学的节奏，有意识地照顾到课堂教学的结课，使课堂教学的结束做到自然贴切，水到渠成。

2. 语言精练，紧扣中心

课堂教学结束的语言一定要少而精，紧扣本节课教学的中心，梳理知识，总结要点，形成知识网络结构，干净利落地结束全课，使之做到总结全课，首尾呼应，突出重点，深化主题，让学生的认识产生质的飞跃。有句格言说得好："没有结束语的结尾平淡无力，可是没完没了的结尾则令人生畏。"课堂教学的结束语切忌冗长、拖泥带水，而应高度浓缩，画龙点睛。总之，教师应该在结课前的几分钟内，以精练的语言使讲课的主题得以提炼升华，使学生对课堂所学知识有一个既清晰完整又主题鲜明的认识。

3. 内外沟通，立疑开拓

在学校教学中，课堂教学只是教学的基本形式，而不是唯一的组织形式。为了充分发挥各种教学组织形式在培养学生中的协同作用，课堂教学结束时，不能只局限于课堂本身，还要注意课内与课外的互动，学科课程与活动课程的联系，以及本学科课程与其他学科课程的沟通，以此拓宽学生的知识面。

4. 控制时间，按时下课

教师一定要严格控制好结课时间，避免拖堂，按时下课。

（四）结课的过程

在结束一节课或一个课题时，一般须具有以下几个环节：

1. 简单回忆：对整个教学内容进行简单回顾，整理认识的思路。

2. 提示要点：指出教学内容的重点、难点、关键点，必要时可进一步地说明，进行巩固和强化。

3. 检验结果：通过提出问题或其他形式检验学习结果。

4. 巩固应用：引导学生把所学知识应用到新的情境中去，在应用中解决新的问题，巩固知识，并进一步激发思维。

5. 拓展延伸：有时为了拓展学生的思路，开阔学生的视野，或把前后知识联系起来，形成系统，要在结课时对教学内容进行必要的扩展延伸。

（五）结课的原则

1. 目的性原则

结课是为实现课时教学目标服务的。因此，教师必须以课时既定的教学目标为依据来确定"结束"的实施方式。课堂结束要紧扣教学目标、教学重点和知识结构，针对学生的知识掌握情况以及课堂教学情境等采取恰当方式，把所学新知识及时纳入学生已有的认知结构中。结课要及时简要，有利于学生回忆、检索和运用。

2.启发性原则

充满情趣的结课能有效地激发学生的学习动机，使学生的身心得到放松，浓厚的兴趣得以保持。根据学生好奇、好动、好胜的特点，教师每讲一节内容都要设计出新颖别致的结课形式，或者概括总结，或者提出问题，或者设置悬念，不能千篇一律、索然无味。不管怎样结课，都要给学生以启发，以激起他们努力探索的积极性，要"点而不透、含而不露、意味无穷"，既巩固知识又余味无穷。

3.一致性原则

注意首尾呼应，使结课和导课脉络贯通。结课实际上就是对导课设疑的总结性问答，或是导课思想内容的进一步延续和升华。如果导课精心设疑布阵，讲课和结课中却无下文，或结课又是悬念顿生，另搞一套，则会使学生思路混乱，难以集中精力进行探索。只有前后一致，主线清晰，才是一堂完美的课。

4.多样性原则

结课的形式应多种多样，不同科目、不同课型须要选择不同的结课方式。例如，对揭示概念的课型一般可采用画龙点睛、概括要点的结课形式；对法则、定律推广练习一类的课型，可采用讨论、总结、归纳的结课形式；对巩固训练的范例课型，可采用点拨方法、提示要点的结课形式。对不同年级的学生，要根据他们心理、生理的特点选择不同的结课方式。低年级一般采用"启发谈话，回顾复述"的结课形式；高年级一般采用"抽象概括、整理归纳"的结课方式。同时，还可以安排一定的学生实践活动，如练习、口答和实验操作等。通过思维训练和实践活动，启发学生积极思维，培养学生抽象能力、概括能力和口头与书面表达能力。

5.适时性原则

结课要严格控制时间，按时下课，既不可提前，也不可拖堂。由于计划不周或组织不当，课堂教学节奏过快，给结课留的时间过多，学生无事可干，教师就生拉硬扯一些与本节课毫无关系的杂事来应付，既浪费宝贵的教学时间，也会冲淡或干扰本课的主题，影响学习效果。学生最反感上课拖堂延时，下课铃一响，学生的注意力就不集中了，此时继续讲课、结课都不会取得好效果。拖堂延时还会影响学生下节课的学习情绪，形成恶性循环，得不偿失。总之，不论是提前下课还是拖堂延点，都是违反课堂教学结束基本要求的错误做法，教师应该避免这两种情况的发生。

（六）结课的具体方法

1.点题法

点题法是教学结束时，在学生对教材进行了认真研读，对一些问题做了深入思考的基础上，教师对教学内容直接或间接地说明、点拨，以表现、揭示主题的结课方法。

【案例】

有位教师在结束课文《只有一个地球》时，就采用点题法："我们只有一个地球，人类与大自然是相互依存的关系，地球是我们的家园，人类只有保护好自己赖以生存和繁衍的大自然，保护好生态环境，才能有幸福美好的发展前景；反之，如果不珍惜地球上的山山水水、森林草原，污染水源、毁坏树木等，则会受到大自然的惩罚。因此，我们每个人都要自觉地爱护大自然的一草一木，为保护、改善、美化人类的生存环境做出自己应有的努力。"

2. 回应法

回应法是指教学结束与起始相呼应，使整个教学过程前后照应的方法。回应的内容包括开头设置的悬念、问题、困难、假设等，是悬念则释消，是问题则解决，是困难则克服，是假设则证实或证伪。回应法使教学表现出更强的逻辑性，让学生顿开茅塞，豁然开朗，同时使学生产生一种"思路遥遥、惊回起点"的喜悦感，有助于增强学生进一步学习的兴趣。

【案例】

在学习"一元二次方程根与系数的关系"内容时，有的老师在课题引入时采用"提出问题，巧布悬念"的方法，先出示小黑板：弟弟解一元二次方程 $x^2-15x-100=0$，得出两个根为20和5。姐姐走过来，刚看了一眼就说："你做错了。"姐姐是怎样看出来的？有的学生脱口而出："验根。"

教师强调：由题意可知，姐姐是在一瞬间做出判断的，不可能是利用代入原方程验根的方法。（学生点头）

当老师讲完"一元二次方程根与系数的关系"——韦达定理后，重新出示小黑板，让学生再次考虑课前提出的问题，学生恍然大悟，齐答："是利用了韦达定理。"

3. 发散法

发散法是引导学生对教学过程中得出的结论、命题、定律等进行进一步的发散性思考，以拓宽知识的覆盖面和适用面，并加深学生对已讲知识理解的结课方法。这种结课法可使教学的主题、内容得到进一步拓展，具有培养发散的创造性思维的作用。

【案例】

一位历史教师在讲完"洋务运动"一课后，在小结时提出一个问题："为什么洋务运动时期，洋务派向外国资本主义国家购买了机器，引进近代的生产技术，却没有使中国走上富强的道路？"当学生做出回答后，教师又提出一个问题："当前，我国为实现四个现代化，也引进外国的生产技术，但为什么有利于四化建设呢？"

这就使学生在掌握所学知识的基础上，思维又另起波澜，发散开去。

4. 假想法

假想法是对课文做各种假设，让学生依据假设推断另外的结局，以此培养学生创造力和想象力的结课方法。

讲完"蒸腾作用"一课后，可以提出这样的假设："假如到了秋天，杨树、柳树等阔叶树的叶子不落，结果会怎样？"（这些树木只有落叶，尽量减少水分的蒸腾，才能安全过冬。要不然，天寒地冻，树根吸水已经很困难，如果树叶的蒸腾作用照常进行，你们想想看，等待树木的除了死亡还有什么呢？）这个问题是假想的，而且是开放性很强的。学生会立即议论、思考、提出各种可能等。这样的结尾，可使学生的学习意犹未尽，余韵悠长。

5. 回味法

回味法就是挖掘或熏染课文的情感因素或意境，促使学生思绪万千，回味无穷，不使韵味无穷的作品因"下课了"而"断味"。如《草船借箭》一课，可用幻灯映出《三国演义》原著中的诗"一夜浓雾满长江，远近难分水渺茫。骤雨飞蝗来战舰，孔明今日伏周郎"，引导学生诵读，边读边提示：这首诗概括了草船借箭的原因、经过和结果。促使学生诵读之时回想刚学的内容，脑中像过电影一样映出"孔明""周郎"等人物形象，再加上从大人口中，从电影、书籍如《三国演义》等获得的印象，则课虽终而思未了、意未尽。

6. 巩固法

巩固法即课终对课文有关知识点必要的消化、应用或强化。即通过提问、测验以及作业设计等手段引导学生巩固本课知识，以达到知识积累和应用的目的。如抓住一堂课或一篇课文的教学重点、难点，设计一些精巧的问题，让学生动脑、动口、动手，强化和巩固所学内容，以实现知识和技能的转化。

7. 拈连移用法

拈连移用法即借用修辞的"拈连"作用进行结课。记得一位老师上《闹钟》作文指导课，当同学最后纷纷猜测闹钟会发出什么声响时，恰好墙上的实物——闹钟"叮叮叮"响了，而此时下课铃也响了，老师则断道："同学们，我们知道了闹钟响声；同时，这响声也告诉我们该下课了。好，下课！"看似信手拈来，实乃匠心移用，教学艺术其乐无穷。

没有结束语的结尾平淡乏味，没完没了的结尾则画蛇添足。结课虽然是三两分钟的教学艺术，但又是一堂课发展的必然，它既反映了课堂教学内容的客观要求，又是课堂教学科学性的体现。当然，教无定法，贵在得法；结课也无定法，但功在水到渠成。因此教师的结课务必紧扣教学内容，一语中的，自然妥帖；务必为优化课堂结构，提高课堂效率服务，切忌当断未断，为断而断。

8. 悬念法

悬念法即结课时留下疑问，诱发学生的求知欲，造成"欲知后事如何，且听下回分解"的悬念效应。

【案例】

一位老师对《少年闰土》结课设计如下：

"同学们，'我'和少年闰土结下了深厚情谊，离别时难舍难分；那么，三十年后他们又见面了，会怎么样？（学生循着课文思路，纷纷自圆其说）大家说了很多，可惜都没说对。（学生困惑）三十年后，真实的情况是，闰土一见'我'，便喊了一声'老爷'。这是怎么回事呢？请大家课后阅读鲁迅的小说《故乡》就会明白了。"网开一面，欲收故纵，既强化了教学重点，又激发了学生的阅读兴趣。

9. 悬念启下法结课

悬念启下法是在课结束时，教师选择时机设置悬念，引发学生探究欲望的方法。课堂在扣人心弦处戛然而止，引发学生产生继续探究的强烈愿望，为后续教学奠定良好的基础。

【案例】

有位教师在讲完"种子的结构"和"种子的成分"后，根据下一课"种子的萌发"的内容，使用启下法结尾：

同学们，通过学习，我们知道了种子的结构和种子的成分。一粒很小的种子，播种到土壤中，有的竟能长成参天大树，有的并不一定能发芽，你们说怪不怪？这是为什么呢？这一点下一节课再给同学们讲解。

这样的结尾就能启发学生去主动预习下一课，为下一课的教学打下基础。

10. 游戏法结课

游戏法是一种把练习内容寓于游戏之中的结束课堂教学的方法。学生往往对大量的、枯燥的练习缺乏兴趣，甚至产生厌倦心理。采用游戏法结课能帮助他们从厌倦的情绪中解放出来，唤起他们主动参与练习的热情，并从中体验成功的喜悦。

【案例】

一位教师在结束小学数学"倍的认识"一课时，设计了"动脑筋离开教室"的游戏。老师总结全课后，表扬本课学习最突出的三名同学，下课时要让他们手拉手先走出教室。然后提出：其余同学离开教室时，动脑筋想一想，怎样走，能让大家一眼就看出剩下的人数是他们的几倍。（全班人数是3的倍数）

经过一阵叽叽喳喳的讨论，大家认识到，以被表扬的三个同学为一倍量，思考剩下的学生还有几个3，即是3的几倍。下课铃响了，同学们纷纷三人一组手牵着手快乐地离开了教室。

这样的结尾，自然、巧妙、不落俗套，寓知识的巩固、思维的发展于轻松的游戏之中，悄然之间丰富了学生"倍"的概念表象，深化了对于"倍"的理解。

一堂好课就如同一场音乐会，不仅要有引人入胜的"序曲"、扣人心弦的"主旋律"，而且应该有一个让人感到余音绕梁、韵味无穷的"尾声"。成功的课堂结尾，不仅能巩固知识、检验效果，还能拓宽学生的思路，发挥学生的创造性，在热烈、愉快的气氛中把一堂课的教学推向高潮。对于任何一名教师，把握好课堂结尾的3分钟都是非常重要的。

除了以上结课方法，另外还有很多，这里不再一一列举。结课的方法虽然很多，但归纳起来主要有两类，即封闭型结课和开放型结课。封闭型结课的目的是巩固学生所学的知识，把学生的注意力集中到课程的要点上，这种方法是对教学内容的归纳总结，对结论和要点的进一步明确和强调，并尽可能地引出新问题，把学生学到的知识应用到解决新问题中去。开放型结课是在一个与其他学科、生活现象或后续课程联系比较密切的教学内容完成后，结课不仅限于对教学内容要点的复习巩固，而且是把所学的知识向其他方面延伸，以拓宽学生的知识面，引起更浓厚的学习兴趣，或把前后知识联系起来，使学生的知识系统化。在实际教学中具体采用什么方式结课，要根据教学内容的性质和学生的年龄特点等灵活掌握。

第五章

课堂教学反思的细节

一、课堂教学成功之处的反思

教师每次上课总有一些精彩之处，比如有时课堂气氛特别活跃；有时教师信手拈来，成功地运用了某种受到学生欢迎的教学方法；有时教师灵机一动，有了解决问题的妙招；有时教学效果超越了预先设计的目标，引起了学生超乎寻常的共鸣；有时课堂教学中的某一应变措施特别得当；有时开展双边活动取得意外的成功；有时某些教育思想得到了有效的渗透；有时备课时没有想到，而在课堂上突然闪现出灵感的火花；等等。这些都是教师应该及时总结的内容，是提高课堂教学实效、促进自身专业成长的宝贵资源。优秀的教师往往善于从这些宝贵的资源中总结经验，启迪智慧，积累优势，提高教学效能感，从一个成功走向另一个成功。

具体地说，反思课堂成功之处的必要性体现在以下三个方面：

第一，反思课堂成功之处，可以及时总结经验，巩固成果。有些成功之处，可能是特定情景下教学机智的突然闪现，如果不及时总结，过后可能就无法追溯。一次成功未必能次次成功，成功的经验需要及时整理和反思。因而教师在每次课堂教学之后不妨想一想，教学的成功之处在哪里，为什么能够成功，能否更成功，等等。

第二，反思课堂成功之处，可以把经验升华为理论。有效的反思可以帮助教师挖掘经验背后蕴含的原理，建构教育理论，从而使经验具有更广阔的实用性，更好地发挥对教学实践的指导作用。

第三，反思成功之处，有助于增强教学实践的合理性，并形成教师独特的个人化教学风格。课堂教学的成功往往是因为教师掌握了某种教学方法，解决了某一个教学问题，通过反思，可以把这种教学技巧标准化和模式化，用以解决同类问题。这种问题解决模式的形成过程也就是教师个性化教学风格的确立过程。

捕捉与反思课堂教学中的成功之处，大体可以从以下两方面着手：

1. 成功的课堂教学行为

直接决定教师课堂教学行为效率的因素是教学技能。在传统课堂教学中经常运用的教学技能有：导入技能、语言技能、提问技能、讲解技能、变化技能、强化技能、演示技能、板书技能、结束技能、课堂组织技能等，反思教学行为可以从思考这些基本技能的课堂运用状况开始。

【案例】

对数概念的导入

师：设想用厚度为0.1毫米的纸，第1次摞2张，第2次摞成4张，第3次摞成8张，以此类推，让我们算算摞到第30次时，仅这一次的纸有多高？

生：估计最高有4层楼高。

师：粗略算，这高度比12个珠穆朗玛峰摞起来还要高哩！

生：哇！

师：可见估计是靠不住的，要靠科学计算。而对数就是数学计算的科学工具啊！

　　……………

数学是比较抽象的学科，平铺直叙的讲述很难使学生产生学习热情。教师在导入新课时，若能利用学生的好奇心设置悬念，就会激发学生钻研和探究的欲望。

2. 科学的课堂教学理念

理念是隐藏在教育教学行为背后的指导思想，成功的教学行为有赖于先进的教学理念，因而，与对教学行为的反思相比，对教育理念的反思属于更高层次的行为。

二、课堂教学失败之处的反思

教育是一项系统工程，教学过程的复杂性也是人所共知的。面对五花八门的教学内容、各种各样的教学对象和千变万化的教学情境，教师在课堂教学中出现失误和失败是自然和常有的事情，特别是对年轻教师来说，课堂教学失败更是难以避免的。

美国心理学家波斯纳这样说过反思的重要性：如果一名教师仅仅满足于获得经验而不对经验进行深入的思考，那么，即使是有二十年的教学经验，也许只是一年工作的二十次重复。除非是善于从经验中吸取教益，否则不可能有什么改进，永远只能停留在一名新手型教师的水平。对于这一观点，恐怕不会有人提出反对，然而在实践当中，尤其是在失败面前，要做到坦然面对，并能深刻反思，则需要教师具备一定的勇气和气魄。从一定程度上说，这也是优秀教师之所以优秀的关键原因。

因而，以一种良好的心态正确地对待失败，是有效反思的前提。这一良好的心态可以具体化为以下三个方面：

（一）开放

反思失败的过程是自我批判、自我否定的过程，而人本身又都有自我价值保护的倾向，所以承认自我失败、进行自我否定是要有勇气的。但如果否认失败，拒绝反思，也就拒绝了成长的机会，也就等于堵死了专业发展的道路。

事实上，即使一些有经验的优秀教师，在课堂教学中也难免出现疏漏或失误，也难以保证每堂课都是成功的。因而，我们没有必要掩耳盗铃、自欺欺人，要敢于承认人非圣贤，孰能无过，对待课堂教学要有一个开放的心态，这样才能使自己的专业成长之路更加宽广。

（二）积极

课堂教学是一种"遗憾的艺术"，即使经过了精心设计与多方准备，仍难保万无一失，对此，教师只能保持积极审慎的态度，随时随地进行反思，及时查漏补缺，不断调整教学方案，从而最大限度地确保课堂教学的实效性。

对课堂教学失败的反思，可以首先从确定问题开始。这样，反思才能"有的放矢"，有针对性。其次，进行原因诊断，弄清问题发生的原因。课堂失败的常见原因有：课前准备得不充分、课堂教学设计得不科学、电教演示得不妥当、教学重难点不够突出、教学步骤安排得不合理、解题过程太繁杂、习题布置得过量、教师的过激语言伤害了学生的自尊、某种行为打击了学生的积极性……最后，针对问题出现的原因，采取相应的措施，并付诸行动。

（三）认真

对待课堂教学失败，我们必须保持严肃认真的态度。失败并不必然是成功之母，如果失败之后还是置之不理、依然故我，那只能导致一错再错、重蹈覆辙。

三、教学日记与教学反思

教学反思是指教师自觉地把自己的课堂教学实践作为思考的对象，对自己的教学目的、教学行为、教学过程和教学结果等进行全面而深入的审视和分析，从而提高自己的教学能力，使教学达到更优化状态，使学生得到更充分发展的活动。

反思是教师专业发展和自我成长的核心因素，是教育智慧的源泉。波斯纳提出了一个教师成长的公式：教师成长＝经验＋反思。从中可以看出，教师的成长过程是一个总结经验、发现问题、反思实践的过程。

教学日记是教师积极、主动地对自己的日常教学生活事件、思想和行为中具有反思和研究价值的各种经验所进行的持续而真实的记录和描写，并在此基础上对其进行批判性的理解和认识，从而不断更新观念、增长技能，促进自身专业发展的一种手段和方法。教学日记不是仅仅罗列教师日常教学生活事件清单，而是通过聚集这些事件，让教师更多地了解自己的思想和相关行为。在日记中，除了描述性记录，还含有解释性记录，如感受、解释、思索、推测、预感、事件的解说、对自己假设与偏见的反思、理论的发展等。事实上，写教学日记的过程也是教师对教学进行反思的过程。通过撰写教学日记这种方式，教师可以定期回顾和反思日常的教育教学情境，在不断的回顾和反思中，教师对教育教学事件、问题和自己认知方式与情感的洞察力就会不断加强。可以说，教学日记有利于教师分析、认识、改变和超越自我，是一种促进教师专业发展的强有力的工具。

教师在写教学日记和进行教学反思时，应注意以下几个问题：

（一）正确认识教学日记和教学反思的价值

教师日记是将教师在日常行动中所经历过、所体验过的教学事件表述出来，记录的是教学中的一些外部事件和教师内心的感受，多半属于教师个人的感性认识范畴。教师借助于教学反思，对自己的教育教学行为、策略以及由此所产生的结果进行审视和分析，超越个体的感性经验，上升到理性的层面。教学日记和教学反思可以让教师搭建起感性与理性的对话桥梁，教师借助教学日记和教学反思，记录自己的感性经验，在叙述事件的同时，用理论来进行梳理、整合，把感性与理性相结合，实践与理论相联系，使教学活动经验走向教学理论，丰富个体的理论知识，拓展教师的专业视野。这是教师提高自身业务水平、促进自身专业成长的一条重要途径。因而，教学反思应当是教师的自觉行动，而不是外界强迫的行为。教师要提高教学反思的意识，明确教学反思的目的，并尽快地学会反思，善于反思。

教师既是教学实践的主体，也是教学研究的主体。教学日记和教学反思正是以教师的实践为源头、为内容、为线索、为主干，进行富有个性的教学研究的形式，也是教师在教育实践中寻找"意义"的细节，重建自己的教育生活，从而构筑专业成长的精神家园的历程。教师在这样的过程中，由教学实践走向教学理论，由教学理论引导教学实践，不断地超越自我，成长为一位专家型教师。苏霍姆林斯基固守在教学实践一线32年，写了32年的教学日记，记录了32年的人生经历和专业发展轨迹，在记录中成为一代教育家。叶澜教授指出："一个教师写一辈子的教案不一定能成为名师，如果一个教师写三年反思就有可能成为名师。"

（二）重视学习教育教学理论

在教学实际过程中，教学实践存在着明显的排斥理论指导的倾向：经验主义教学实践片面强调教学经验对教学实践的作用和意义，用教学经验排斥教学理论，以教学经验取代教学理论。操作主义教学实践是对教学理论作用片面狭隘的理解，认为教学理论应该具有直接可操作性，不能直接操作的教学理论是无用的理论。实用功利主义教学实践就是以实用主义、功利主义的态度对待教学理论，把教学实践的价值目标唯一化、片面化，忽视甚至无视教学实践中的规律性联系。这导致很多教师缺乏阅读积累，不能吸收先进的教育教学理念，盲目地相信经验、迷信经验，不能从真正意义上去理性地思考"怎样才能做得更好"，缺乏创新，只凭自己已有的经验和感觉进行教学。

反思性实践的理论强调从个人的经历中学习的重要性，但不否定教育文献的学习。反思是根本，教育文献为教师的反思提供了新的视角，为反思服务，而不是代替教师的反思。教师既要重视实践、勤于实践，又要重视理论学习与理论引导。如果一个人没有一定的理论修养，即使实践再多，实践的时间再长，也只能是在低层次上的重复。教师在对自己的教学进行反思时，要努力寻求教育理论的支撑，把理论学习与自身的实践结合起来。"读书学习"是反思的重要基础和根据，而"再实践"则是对反思的检验与进一步反思的催生，是增强反思力必不可少的环节。教师的专业成长应该是"读书、实践、反思"的统一，三者缺一不可。离开了"读书学习"和"再实践"，反思很可能会失去其应有的价值，甚至会阻碍教师的专业成长。

（三）撰写教学日记的注意事项

第一，要重视日常观察。日记的写作始于观察，把观察到的事实记录下来，也就大致形成了教学日记。在日记文字表达的过程中，要尽力把看似零碎的片段和事件整合在一起。对于须要记录的一些重要细节，最好在口袋里准备一个小本子及时记录。在很多时候，不要过于相信自己的记忆力。如果时间许可的话，那么越早记录越好，记得越详细越好。即使是只记只言片语，对于日记的撰写来说也是很有帮助的。

第二，教学日记要写得具体。要记录具体的事实和事件，描述具体的现象和过程，不要采取概括的方式来写，不必总是进行总结和小结。

第三，教学日记的书写要持续（两次记录的时间间隔不能过长）。不能"三天打鱼，两天晒网"，最好每天或隔几天安排一个特定的时间来专门写教学日记。在一段时间内，教学日记的撰写可以紧紧围绕某个主题，也就是说，可以结合某个研究的重点来写作。

第四，撰写教学日记要将事件记录与事件分析结合起来，并在形式上保证有一定量的分析。如果是用笔记本来记载日记的，那么笔记本的每一页正文右边最好留下一些空白的地方。在日后整理日记时，这些留白处可用于记录一些新增的变化、附录或相关的信息；而且，在对日记记下的资料进行分析时，它也会派上用场。在这些留白之处，一些简单的分析可以随意出现（不管是句子还是一些简单的文字），这部分内容可以作为这一段记录的解释。如果是直接用电脑来记载教学日记，日后在整理日记时新增加的内容可以用不同的字体来标出。须要强调的是，对日记做一些暂时性的分析是非常有必要的，这样做可以降低在日后的研究中被资料淹没的风险。

（四）教学反思的策略和内容

教师教学反思的基本策略是：

1. 收集重要的教学事件或经验

描述日常教学中发生的重要或感兴趣的事件，揭示隐藏在其背后的动机、趋势和教学实际的深层因素。

2. 简单明了地加以记载

不加任何分析与判断，以简单明了的方式描述事件发生、发展的过程与细节。

3. 分析事件发生的原因

一般可从理念与行为（操作）两个层次进行反思。行为层次的反思主要是常规的教学技术与班级管理行为的反省，理念层次的反思则是从教学问题入手，挖掘隐藏在其背后的教学观念、伦理规则以及伴随教学产生的文化背景与社会期待。

4. 思索对教学实践的意义

经过反思，能初步归纳整理出事件背后的各种意蕴，进一步分析其对教学实践的意义，并运用于实践之中，进而改进自己的教学工作。

教师反思的内容主要有：

1. 对教学行为的反思

在反思中深化对教学行为的认识，超越原有的经验，透过经验洞察教学的本真意义，在对教学有了深层理解的基础上改善自己的教学行为。

2. 对教育信念的反思

教师教学行为的背后都有一定的教育信念，它一般内隐于教师的个人实践性知识体系内。教师在反思中，内隐的教育信念显性化，教师能够明确意识到什么样的教育信念在支配自己的教学行为，哪些信念是合理的，哪些有待修正。

3. 对教育理论的反思

教学反思重视教师"实践话语"的生成，并不意味着否定教育理论的作用。反思的真正价值在于将教师与实践碰撞出火花的理论落实到实践中去。

第六章

课堂教学经典案例

一、课堂管理宽严有度

课堂管理非常重要，它是实现教育目的、确保教学质量的重要手段，关系着学生学习的质量、效率的高低和学校教育教学成果的好坏。在教师的课堂管理中，有人"严"字当头，管理严格，要求学生在课堂上规规矩矩、专心致志，一点一滴必须按教师说的去做；有人"放"在首位，管理松散，允许学生上课随便做什么，只要不影响教师的正常教学秩序、不妨害他人的学习、不影响课堂纪律……显然，不同的管理会产生不同的结果。

教师在课堂管理上，要准确把握好严格与宽松之度。要使学生不因自己管理的宽严过度走向一个极端而发生质变，就需要把管理的宽严置于一定之度。宽严有度的课堂管理会使课堂气氛活跃，教师教得舒畅，学生学得快乐。

课堂管理的目的也是为学生的学习创造宽松和谐的气氛和环境，是为学生自我驾驭开发潜能服务的，所以课堂管理应该是双方共同参与，并具有强烈的民主性。如果教师在课堂管理方面做到宽严有度，严于律己，宽以待人，广泛尊重学生，听取学生意见，彻底打破传统的课堂管理上自己"一统天下"的局面，那么何愁课堂管理不科学？

"爱必严，严即爱"，严并不等于简单地看、管、卡、压，它是管理经验的沉积，是管理艺术的结晶，更是爱的具体表现。要严而有度，对学生严中有爱，学生"亲其师"才能"信其道"。符合学生身心和谐发展规律的严格，才能让学生接受、认可并遵循。如果过于严格，反而会给学生心理上、行为上、情感上造成一定的压力，使他们欲行则难，行中有怨。"师道尊严"这个"力度"

的把握，应该成为新时期教师的一种必备的能力。

【案例】

四川成都武侯祠，有云南剑川人赵藩于1902年题的一副对联：
"能攻心则反侧自消，从古知兵非好战；不审势即宽严皆误，后
来治蜀要深思。"这副对联既赞扬了诸葛亮执法严谨、审时度势、
实事求是、宽严结合的施政方针，也针砭了作者所处时代的四川
的时政。我认为，作为一名光荣的人民教师，在向学生施教时也
宜借鉴这副对联，把握好"宽"与"严"的度。

太宽，易流于空泛，导致放任自流；过严，则束缚学生的个
性发展，走进死胡同。宽严有度，才能使工作大有起色，但是在
实际工作中要真正把握好这个"度"并非易事。我刚登讲台时，
信奉"严师出高徒"，因而时时处处对学生严格要求，几乎达到
苛刻的程度。虽然我严于律己，做出行为表率，但终究收效甚微，
学生的纪律、行为规范还容易收到良好效果，学习成绩距离期望
值就较远了。欲速则不达，我尝尽了拔苗助长的苦头。经过深入
反省，总结经验教训，我明白了，对某些学生，要他们完全掌握
教材知识确实是困难的。于是，我把学生"分类"，区别对待，
对学习好的学生，仍然从高从严要求；对学习较差的学生，降低
要求。这样一来，师生都轻松了。降低要求的学生，他们也体验
到取得成绩的快乐，享受到老师表扬的喜悦，因而学习更用功了，
成绩自然有了提高。

对于课堂纪律，教师也应宽严有度地把握。不严，难以组织
教学，但是如果学生整堂课都处于高度紧张状态，收效一定不会好。
曾经有一次在课堂上，一名男生举手，我问什么事，他答要去上
厕所。本来我们有规定，上课时不准去大小便，但我看他的表情，
似实情，不像捣蛋，我批准了。下课后，他主动问了中间没听到

的内容。所以，对学生，在可能的情况下何妨宽点呢？宽后，他自己会严的。记得一位著名教育家说过：只有学生有犯错误的权利和机会。当然，学生出了错，我们作为教师的仍然要给予教育，使他改正。我们在引导其改正错误时，应从严要求，从宽处理。这样，学生才会口服心服。

宽严有度，一定能使你成为一位受学生敬重的教师。

如何有效地把握课堂的宽与严，这位老师给了我们很好的启示。严于律己，对学生要求近于苛刻，很容易造成师生间的隔阂。学生体会不到教师的用心良苦，教师觉察不出学生的想法，很容易使学生产生意义障碍，造成物极必反的局面。但过分给予学生发展个性的空间，也会造成难以管理的局面。

只有广泛尊重学生，听取学生意见，给学生的学习创造宽松和谐的环境，这样教和学才能一张一弛，达到事半功倍的效果。

二、关爱学生

高尔基说过："谁爱孩子，孩子就爱他。只有爱孩子的人才可以教育孩子。"真诚的师爱是深入学生心灵的途径，是开启学生心灵之门的金钥匙，是激发学生上进、努力的催化剂。爱是信任，爱是尊重，爱是鞭策，爱本身就是一种能触及灵魂深处的教育过程，学生更需要教师的关爱。

对学生的爱应该是平等的，也就是把爱给每一名学生，对全体学生都公正平等、一视同仁，从而取得学生的信任。一位教育家说过："教育的全部奥秘，就在于使受教育者对自己充满信心，对前途充满希望。"教师被称为"人类灵魂的工程师"，那么学生就是工程师所需的原材料，没有原材料，工程就不能进展。人们也称教师为"园丁"，那么学生就是幼苗，后进生就是受了病虫害的幼苗，更需园丁的精心培育。只要教育充满爱，教师对后进生的关心爱护，就可转化为他们内心自我肯定、积极向上的力量，使他们对未来充满希望，从而实现各方面的发展。

教师对学生的爱应是纯洁的、公正的，不能有半点的虚情假意和矫揉造作。特别是对那些后进生，教师更应该多关心他们，努力发现他们身上的闪光点，创造一些表扬他们的机会，多给他们一些温暖。或许一个鼓励的眼神、一句温暖的话语就能激起他们的信心，成为他们前进的起点。能公正地爱每一名学生是教师心灵美的表现，是具有良好的师德修养的表现。在教师的眼里，每一名学生都是平等的，没有高低贵贱之分，教师对所有的学生应一视同仁，让每一名学生都沐浴在师爱的阳光之下。

【案例】

师爱是伟大的、神圣的。师爱是人类复杂情感中最高尚的情感，它凝结着教师无私奉献的精神。师爱是超凡脱俗的爱。这种爱没有血缘和亲情，没有私利与目的，然而这种爱有一种巨大的力量。

一、爱就是了解

《孙子兵法》上说：知彼知己，百战不殆。了解学生，包括对学生的知识基础、学习成绩、兴趣爱好、性格气质的了解。只有了解学生，才能在教学中做到因材施教，有的放矢。我不是班主任老师，每周除了上两节课，几乎再没有接触学生的时间。为了了解学生，我经常课前提前几分钟进教室，下课延迟几分钟出教室……利用这些机会和学生一起说说话、聊聊天。课外活动时间，我一有机会就会进入教室，帮助学生解一道题，和他们共同讨论最近的流行话题……通过这些途径，我既了解了学生，学生也有机会了解了老师，拉近师生间的距离，增进了师生感情。

二、爱就是关怀

师爱是教育的润滑剂，是进行教育的必要条件。当教师全身心地爱护、关心、帮助学生，做学生的贴心人时，师爱就成了一种巨大的教育力量。正因为有了师爱，教师才能赢得学生的信赖，学生才乐于接受教育，教育才能收到良好的效果。师爱要全面、公平，教师要热爱每一名学生。学习好的要爱，学习一般的要爱，学习差的也要爱；活泼的要爱，文静踏实的要爱，内向拘谨的更要爱；金凤凰要爱，丑小鸭同样也要爱。把爱平等地撒向每一个孩子。俗话讲：人心都是肉长的。真情的付出，总会得到学生的理解和回报。天气变了，提醒学生注意添减衣服；看到学生的手擦伤了，送上几句关心的话语；在学生的作业本上留几句鼓励性的话语；学生考试成绩不理想，善意地给他安慰和鼓励……尽管是一件件微不足道的小事情，却让学生倍感师爱的温暖。

临近中考，学生的试卷越积越多，因为政治实行的是开卷考试，学生平时将试卷整理保管好，最后顺利地将其带到考场非常关键，但是即便老师天天强调，也未必有几个人照做。干脆，我就把订书机随身带到了每个上课的班级，帮他们将试卷装订成册。有许多学生平时一发试卷就随手扔掉，临考试才开始有了一点想学习的愿望，于是不断有学生向我要试卷。我就想：他们现在开始有了学习的动机也是好事情，不能打击他们。于是，我不厌其烦地帮他们整理试卷，也借机鼓励他们从现在开始努力学习，不要辜负老师的希望。

三、爱就是尊重

爱学生就要尊重学生，尊重学生的人格，理解学生的要求和想法，理解他们的幼稚和天真，用充满爱的眼睛欣赏学生……

即使是成绩最差、行为最随便的孩子，他们也有自尊，也要我们所说的"面子"。一次政治课上，我让学生把昨天刚刚发的试卷拿出来，结果他们磨磨蹭蹭，吵吵嚷嚷，半天都拿不出来。看到他们这种学习态度，我的心情糟透了，结果这时候，一名女生大声嚷嚷："什么试卷，早就没了。"我一不留神，嘴里蹦出一句不怎么文明的话："没有了活该！"话一出口，我立刻后悔了。作为教师，即使心里有再多的委屈和不满，在学生面前也不该讲这种话的，这话一定是伤了她的自尊。一节课，她都趴在桌上一动不动，眼睛都不抬一下。下课了，我想决不能就这样走了，就走到她身边诚恳地向她道了歉，她一个劲儿地说没关系。但我肯定，如果我不向她道歉，她会一直耿耿于怀。

四、爱就是宽容

"假如我是孩子，假如孩子是我的。"每当学生做了让我生气伤心的事，我就在心里这样告诉自己，努力用一颗宽大、仁慈的心包容他们。这个年龄阶段的学生都有一种叛逆心理，你越不让他们做什么，他们越想和你对着干。经常是上课铃声响了，他们还在呜呜啦啦地唱着一些流行歌曲，开始我总是用呵斥的方式制止他们，但我发现效果很不好，总有学生意犹未尽试图继续唱。后来我就改变"策略"，再遇到这种情况，我主动和他们"讲条件"：满足他们的意愿——拿出课前3分钟允许他们唱个够，条件就是接下来的上课时间每个人都必须认真听讲。我的宽容也赢得了学生的理解——整节课他们都学得积极而认真。

五、爱就是责任

不管是教重点班还是普通班，不管是面对中考大有希望的学生还是中考几乎无望的孩子，作为老师，承担的责任都是一样的，爱本身就是一种沉甸甸的责任。

作为一名老师，我有责任引领我的学生走进知识的殿堂，学到更多的知识；我有责任引领他们张开理想的风帆，驶向梦中的彼岸；我有责任引领他们插上智慧的翅膀，翱翔在无尽的天空。

刚刚接过初三八个普通班的政治课时，每次上课，总有一些学生自觉"躲"到教室后面睡大觉。等讲到快下课了，那几个"活宝"才从梦中醒来，要么左顾右盼，要么交头接耳，丝毫没有学习的意思。任凭我苦口婆心在讲台上教育他们，最多换来他们傻傻的憨笑，我既感到失望，又觉得无奈，但更多的是反思自己——到底怎样让他们"回心转意"呢？

首先，我对他们进行了解，原来他们因为经常光顾网吧，沉溺于网络游戏，才无暇顾及学习，以致荒废了学业。我想要多关注他们，所以就在任课的班级里公布了我的QQ号。大概出于好奇，那些"问题"少年加了我，周末或晚上一有时间，我就到网上主动找他们谈心，谈社会现实、谈人生目标……也许是我的诚意感动了他们，上政治课睡觉的学生人数逐渐减少，许多学生开始试着改变自己，不再那么厌恶学习。我也趁热打铁，在给予他们关注的同时，在教学中不断改进自己的教学策略，多采取一些他们乐于接受的教学方式，让他们逐渐由被动的学变成因为兴趣、因为责任而学。

作为一名普通的老师，我做了我应该做的工作，用心教导学生，用情熏陶学生，用爱感化学生。我相信，今日用爱心浇灌的这些含苞欲放的花蕾，明日一定能盛开绚丽的花朵。

教师对学生的爱是教师教学成功的重要条件之一，是激励教师做好教学的精神动力，是打开学生心扉的钥匙。作为新世纪的教师，更应该以一颗博大的爱心去从事教育这一神圣的职业。

结合上面的案例，师爱主要有以下几点表现：

第一，教师对学生的爱，是以生活上的关怀体贴为起点而产生的爱的情感。这样做能增加教师与学生之间的亲近感，而教师对学生的亲近感，是教育的起点和基础。

第二，教师要平等地爱护每一名学生，必须做到尊重、理解学生。只有在此基础上，学生才愿意听从老师的指导。

第三，教师与学生建立起深厚感情，不仅能促进学生与老师心与心的交流，还可以培养他们克服困难、积极向上的精神，养成良好的品德、个性等，这样教师的教学也会收到事半功倍的效果。

三、包容学生

《左传》有云："人谁无过，过而能改，善莫大焉。"教师对待学生的缺点和错误，不能总是那样疾恶如仇、穷追猛打。其实，学生有缺点和错误是难免的，教师要能包容学生的过失，允许学生犯错误，允许学生改正错误。

"严师出高徒"是中国基础教育的一种传统观念，但这个"严"不应该排斥教师对学生的包容和理解。教师对学生的"包容"当然不是放任自流，也绝不等同于教师对学生缺点或错误的一味"纵容"。包容是对学生的不足、缺点甚至错误的包容、理解和原谅，是对学生能够克服困难、改正错误、提高学业成就的信任，更是对学生发展缓慢的一种等待、期待。教师的包容是学生自信心的保护伞，是学生发展的一种动力，为学生的成长留足了自主反思的空间。

【案例】

曾听到过这样一个故事：有位叫史蒂芬·葛雷的医学科学家，当记者问他为什么比一般人更有创造力时，他回答，这与他两岁时的一件小事有关。

有一次，他尝试着从冰箱里拿出一瓶牛奶，因瓶子很滑，他一失手，瓶子掉在地上，牛奶溅得满地都是——像一片牛奶的海洋！他的母亲来到厨房，并没有对他大呼小叫、教训或是处罚，她说："哇，你制造的混乱可真棒！我还没有见过这么大的奶水坑。牛奶反正已不能喝了，在我们清理以前，你要不要在牛奶中玩几分钟？"他的确这么做了，最后在与母亲一起清理完厨房后，他母亲又说："如何用两只小手拿大牛奶瓶，你已经做了一个失败的实验。来，让我们把瓶子装满水，看看怎样才能拿得动它。"他很快就学会了用双手抓住瓶颈，就可以拿住它不会掉。

由此可见，错误对孩子来说常常是学习新东西的机会，所以不要害怕学生犯错误，怕的是老师无包容之心，不能抓住机会用正确、恰当的方法对有错误的学生给予引导。

上自然课了，我来到教室前，平时安静的教室，今天居然一片笑声。我不动声色地走到教室门口，只见教室上空飞着两只纸飞机，黑板下的地板上还躺着几只纸飞机，平时爱出风头的两名学生边笑边舞着手，领着全班同学观看。"自然老师来了！"有人看到了我，小声地提醒其他人，教室里迅速安静下来，那两名带头的学生直到旁边的人用手捅他们，才慌慌张张地停下。

当时我恨不得马上把他们狠狠批评一顿，但在走向讲台的时候我改变了态度，我捡起讲台边的纸飞机，清了清喉咙，笑了笑说："正在举行飞行大赛呢，瞧这架飞机折得多精致呀。关于飞机，同学们都知道哪些知识呀？"

我话音刚落，学生们便议论了起来："飞机是由机身、机翼组成的。""飞机是莱特兄弟发明的。""飞机的形状很像鸟类，人类可能是从鸟这种动物的身上得到了启示从而发明了飞机。"……我肯定了他们的回答，总结道："人类正是在鸟这种生物的启示下，经过反复实验，发明创造出了飞机，实现了在天空飞行的梦想。除了鸟之外，自然界里的许多生物，都有着奇特的本领，给人类的发明和创造带来许多灵感和启示。通过今天这堂自然课的学习，老师也希望你们获得灵感和启示。"我自然而然地导入今天的课文《生物的启示》。

如果我当堂把那两名带头淘气的学生狠狠地批评一顿，如果当时我把那两名学生送到班主任那里，如果……但是，我选择了包容，不仅教育了那两名学生，也让这群孩子知道了知识的重要。

孩子的成长须要包容。只有包容，孩子才有胆识直面错误，改正错误，尝试新的事物。

俗话说：退一步海阔天空；让三分，心平气和。宽容并不是无能的表现，而是处理问题的一种有效方法。

仔细观察这位医学科学家的母亲，她的包容让人感受到她教育孩子的独到之处，有益于孩子身心健康的成长。而这位老师在教学中对待学生的态度更是让人赞叹不已，这正是作为教师应该具备的素质。

在教学过程中，宽容体现在对学生的教育上。教师处理问题要有余地，但不是无原则的放任自流。教师对有过错的学生应因势利导，要用宽容的心教育学生。人非草木，孰能无过。学生因缺乏自控力而犯错误，这是人成长过程中必然出现的一种现象。从某种意义上讲，成长的过程就是犯错改过的过程，宽容学生的错误是理解学生、爱学生的表现。因为宽容，教师给了学生足够的尊重，给学生留足了面子，更给学生一个反省和改过的机会。宽容是一种无声的教育，它的教育力量常常超出我们的想象。在这个案例中，这位教师以一种积极的态度教育了学生，让学生知道了知识的重要，更有胆识直面错误，改正错误，尝试新的事物。

教师有了包容之心，才能全面了解事物发展的规律，并且按照事物的发展规律来施教，从而使教育朝和谐方面发展。所以，教师的包容是学生自信心的保护伞，也是学生全面发展的动力。

四、运用肢体语言

教师在课堂上的一举一动、一颦一笑都在向学生传递信息，因此教师在课堂教学中必须讲究肢体语言的艺术。

教师要与学生进行眼神交流。眼睛是心灵的窗口，教师的目光应当是自然、亲切的，饱含着对学生的信任和期待。教师的表情是放大了的晴雨表，教师要做到端庄中有微笑，严肃中有柔和，切忌由于各种原因所致的不愉快形之于色。手是会说话的工具，教师应充分发挥手势的表达功能，做到自然、舒展，节制活动的频率，注意摆动的幅度，切不可手舞足蹈，或插入衣袋。教师的躯体动作应当稳重大方，轻松自如，一举一动都要给学生以美的享受。

课堂教学是一种同时运用听觉和视觉的教育方式，教师在教学中一定要注意体态语言的和谐运用。教师进入教室时，应该步伐稳健，服装整洁，发式雅致，面带微笑。这样的体态会给学生留下亲切良好的第一印象，并使学生们的心理安定。

体态语言在教学工作中的作用是至关重要的，所以教师要认真研究和运用体态语言，把教学工作提高到一个新水平。

【案例】

伟大文学家雨果曾说过："笑就是阳光，它能消除人们脸上的冬色。"的确，微笑是人的一种肢体语言，它也是人类最甜美、最动人的表情。教师在和学生进行面对面的交流时，微笑的驱动力常常会比惩罚更强烈。

请看下面两个故事：

故事1：某学校举行一次作文竞赛，竞赛题目是"老师笑了"。赛后教师们在批改作文时经常看到这样的句子："一年来，我很少见他笑……""我多么渴望老师对我微笑啊，可我从未见他笑……""我们的老师不苟言笑，总是板着冷峻的面孔，就像冬天冰冷的霜雪，我们这些小嫩苗也被冻得面容麻木了！"

故事2：这段时间，一位教师的心情一直不太好，总是唉声叹气，一改往日的谈笑风生。一次课外活动，该老师心烦意乱地坐在办公桌前批改作业。她无精打采地翻开一名学生的作业本，却意外地发现里面的纸条上端端正正地写着："老师，已经好几天不见您的微笑了，是我们惹您生气了吗？看着您愁眉不展的样子，我们也没心思听课了，同学们都期盼着您从前的笑容。"

其实这两个故事也会不经意地发生在我们身边，只是我们很少意识到教师的微笑对学生是那么不可缺少！他们的内心纯洁得就像晶莹剔透的美玉，他们喜欢笑，也希望周围的人们，尤其是教师对他们报以微笑。只要稍稍推敲故事1中学生写的作文，便能感受到他们内心强烈的渴望和笔下无声的埋怨，他们渴求教师的笑容却无奈教师连微笑都那么吝啬。而故事2中的教师仅仅因为一时的心烦而忘记了微笑，却意外地受到了学生的关注。他们由看到教师脸上的愁容而怀疑自己是否惹教师生气了，由听到教师嘴边的叹息感到自己的学习也没劲了。这是多么可怕的"微笑效应"！所以，我们应当谨记：微笑可以在师生之间架起一座心灵相通、彼此信赖的桥梁，可以让学生感受到教师的人格魅力。

【案例】

教师的肢体语言很多，在名师的教学过程中就有很多这样的事例：

全国著名小学教育家斯霞老师生前有这么一张出色的照片，照片上的画面是：斯霞老师站在黑板前，脸上挂着慈母般温和亲切的笑容，头微微侧向一边，听着学生的回答。这张照片曾被许多教育报刊、书籍刊用，为教师如何面对学生进行肢体语言的沟通提供了一个很好的范例。

在充满灵性和稚气的孩子面前，教师是长者，是朋友，是慈母严父。因此，在教育教学过程中，教师往往要以身体前倾侧首的姿势和学生展开交流，这样能让学生感觉到教师是在认真听取他们的意见，教师有多么重视他、关注他。这种平等的精神力量会激励着学生更加热情地学习。

上课铃响，教师走上讲台，用亲切含笑的目光环视教室一周，望望每名学生，这是上好一堂课的良好开端。《穆老师的眼睛》这篇课文可以给教师很多启发。文中的穆老师用她的眼睛说话，可以说达到了一种艺术境界，她用目光表示批评、鼓励、关怀、提醒，还表示心情的愉悦和欢快。这无声的语言具有神奇的魅力，给学生留下了深刻的印象。这种借助眼神"说话"的教育方式，比起言语表达更令学生难以忘怀。

在和学生谈心或辅导他们做功课时，如果教师抚摸他们的头和脸蛋，就能感受到孩子们那种幸福得意的模样，也能察觉到他们想象创造的灵感，而这幸福和灵感是从教师的手心传递给他们的。直到今天，有位教师还常常回忆起学生来信中的这样几句话："曹老师，我记得小时候你最喜欢摸我的头了，运动会中你用手搭着我的肩膀为我加油，我使出浑身解数跑了个第一名。我知道，是老师给了我无穷的力量。现在不能得到您的抚摸了，但那种甜蜜的滋味依旧珍藏在我的心灵深处，让我时时想起您的关怀和温暖！"

是呀，在不经意的瞬间，在工作的间歇里，请蹲下身来，给学生送去春风拂面、春雨润物的情怀吧！

"请给他一些掌声！""请让我们用热烈的掌声为某同学的发言喝彩吧！""掌声响起来！"这应该成为教师在课堂上常说的话，并且带头为学生鼓掌。一个充满掌声的课堂是充满生命力的，是洋溢着人文关怀的。

山东的特级教师张伟在一次全国中青年教师阅读教学讲课比赛中曾用掌声对一名生理上有缺陷、学习上有困难的"差生"进行鼓励，使该生满脸通红、热泪滚滚，长期被压抑的自卑心理一扫而光。这名学生赢得了张老师的掌声，而张老师也赢得了全场听课老师的掌声。这掌声分明是在为张老师有着常人没有的眼光而喝彩，为他不失时机地挽救了这个孩子的一生而喝彩。因为张老师知道，像这样的孩子，心理始终处于封闭压抑状态，他比正常儿童更需要尊重、理解，需要别人给予更多的赞扬与肯定，然而他恰恰又因自身的缺陷很少得到他所渴望的东西。张老师满足了他的渴望，不但向他提问，而且运用具有强烈肯定、赞扬意味的掌声给予了他不曾有过的评价。张老师的鼓掌唤回了一个孩子的自尊、自信、自强的意识，给予了他人生中一个崭新的起点，这将是孩子永生难忘的一课，这掌声将对他的一生产生无形的动力。

美国心理学家通过实验证明：信息的效果 =7% 的文字 +38% 的声调 +55% 的面部表情及动作。由此足以看出肢体语言的重要性。

肢体语言是人的身势或手势语，它属于非语言信息，如点头、手势、身体的位移等。肢体语言以其形象感强的特点得到教师的广泛青睐，成为课堂教学中不可或缺的重要的交际工具。学习名师教学经典，可以看到他们用微笑表示友好，用触摸传递温暖，用眼神交流情感，用掌声鼓励自信……他们以情感为纽带，巧妙地运用肢体语言架起了师生之间沟通的桥梁，让教育直达学生的心灵，让教育收获一个又一个春天！

语言是表达情感的工具，肢体语言亦然。往往教师不经意的一个手势、一束目光、一种表情都会影响学生，给学生的心灵带来微妙的变化。因此，教师要注重细节，恰当地运用肢体语言，让肢体语言在整个教学活动中彰显无穷的魅力。

五、眼神交流

人们常说，眼睛是心灵的窗户，眼神就是表达情感的一种方式。教师的眼神则是叩开学生心扉的钥匙，它蕴涵着一种关爱、一种期盼、一种警示，在教育教学过程中有着独特的作用。教师用好自己的眼神，那会比粗暴的批评更有效。教师的眼睛所透露的告诫信息的眼神，常能起到语言要求所难以达到的效果。

学生课堂自制能力差，坚持不了太长时间，有的学生便开始自顾自地做起小动作来。对于这一点，教师除了应该艺术地调节课堂教学的结构和节奏外，眼神是解决问题的最佳途径。若是当场予以口头制止或呵斥，全体学生注意力的转移和教学思路的改变将使课堂教学效果大打折扣。教师在借助于抑扬顿挫的语调唤起全体同学注意的同时，如果走到其身边时，用相对凝视的眼神提醒，老师在注意他，请他专注听课，这样取得的效果是显而易见的。当极个别学生扰乱课堂教学秩序时，教师同样可以用眼神盯住他（她），表示不满和责备。那种在意某一名学生却又不是集中关注某一名学生的眼神绝对是直截了当的语言警告所不能比拟的。

眼神是一种丰富的无声语言。在教学过程中，有时一个恰当的眼神胜过几次苦口婆心的长谈，可以收到"无声胜有声"的效果。

【案例】

在学生时代，老师的眼神一直伴着我成长，使我从一个懵懂无知的少年成为一名品学兼优的学生；使我从懦弱变得坚强；使我从散漫变得勤奋；使我从骄傲变得谦虚。

记得读小学三年级的时候，一次上语文课，老师提了个问题让同学们回答，很多同学举手回答，而我不敢举手，生怕被老师叫到。老师用眼睛在教室里扫视了一遍后，最后把目光停在我的身上，她叫我站起来回答。当时我面红耳赤，把头埋到了衣领里，说话像蚊子叫，老师鼓励我，叫我不要害怕，大胆回答，对与错不要紧。我怯怯地抬起头，目光与老师的眼神撞个正着，老师的眼神里充满鼓励，我大胆地回答了老师的问题，而且非常正确，教室里顿时响起了热烈的掌声，再看看老师的眼神，好像在说："回答问题，没什么大不了的。"从此，我回答问题都非常大胆、积极。慢慢地，我也就爱上了语文，而且语文成绩越来越好，在班上名列前茅。

还有一次，在练习课上，老师出了几道题在黑板上，其中有一道题非常难，全班只有我做出来了，我有点得意扬扬，这时老师向我投来赞扬和鞭策的目光。从老师的眼神中我明白了不能骄傲自满，从此我变得虚心起来，也越来越注意老师的眼神了。

我从老师的眼神中读懂了很多：我胆怯时的鼓励；我做错事后的批评与教育；我做好事后的表扬；我为班级争得荣誉时的欣慰；我取得成绩时的赞许与鞭策……

如今，我也成了一位光荣的人民教师，我也希望我的学生能读懂我的眼神，能从我的眼神中体会到鼓励、批评、表扬和鞭策……

教师的使命是"传道、授业、解惑"，而教师的教学更是一种技巧性的活动，这个案例就传递了这样的一个信息——运用眼神与学生交流远比用语言来得好，来得妙。仔细分析这篇文章，文中所提到的几位教师都是具备充分的教学经验的。当学生因为心理紧张而不敢回答问题时，老师并不是简单地把学生叫起来，而是通过言语鼓励学生，帮助学生克服心理上的障碍，缓解了课堂上的尴尬气氛，接着用独特的眼神来表达鼓励，充分体现了巧妙的教学方式。新课程特别强调教学过程的"互动性"，强调学生情感与心理需要，强调学生的个性差异，强调课堂的学生活动主体，强调教学资源的"动态生成"，强调留给学生自主发展的空间。显然，这些教师的课堂上渗透了这些理念，让学生与教师在眼神的交流中获得更多的信息，使他们在课堂上带着一定的情感、态度、价值观去主动地学习，主动地发展。这也是新课程改革对我们教师的基本要求。

【案例】

我喜爱韩老师，更喜欢韩老师的眼神。老师的眼神有时慈祥，有时严厉，有时坚毅……那丰富的眼神中充满了对我们的赞许、批评、鞭策和爱。

我考试进步时，老师的眼神里荡漾着激动。她慈爱地走到我身边，抚摸着我的头说："好样儿的，再加把劲儿，会更上一层楼。"于是我有了更高的目标，加倍努力学习。老师的眼神是我用功学习的动力源泉。

我上课贪玩不听讲时，老师严厉的眼神中饱含着责备和不满。我的脸一下红了，连忙放下手中的小东西，继续聚精会神地听课。这时，老师送我一个微笑，我感到好惭愧、好亲切。老师的眼神是我改正过错的方向标。

我参加比赛时，老师的眼神里充满鼓励。看一眼老师，我顿时信心倍增，浑身涌起巨大的力量，立刻像离弦的箭一样追上了一号主力，甩开二号"种子"，一路领先，勇夺冠军。老师的眼神是我冲向成功的充电器。

我遇到困难和挫折时，抬头看着老师坚毅的目光，听着老师句句关切的话语，于是我增添了无穷的勇气，笑对困难，经受挫折的挑战。此时老师的眼神是驱逐难题的一把利剑。

韩老师的眼神像和煦的阳光，像绵绵的春雨，伴随我们在阳光和雨露中长大。

建立良好的师生关系是维持正常教学秩序、提高教学效果的必要条件。在上述案例中，这位韩老师的威信并不是用粗暴的批评或其他简单的方式而形成的，她是通过复杂的心理活动的外化——眼神来传递的。眼神是一种丰富的无声语言，只可意会不可言传。教学设计的指导思想是要充分发挥师生双方在教学中的主动性和创造性，强调师生交往的互动性。当学生取得进步时，这位教师并没有用简单的语言来表达她的赞扬，而是通过肢体语言加眼神来传递，深刻体现了她理性、平等、博大的爱，起到了良师益友的作用。新课程改革下的教师应尊重学生的人格，关注个体差异，满足不同学生的学习需要，创设能引导学生主动参与的教育环境，激发学生的学习积极性，培养学生掌握和运用知识的态度和能力，使每名学生都能得到充分的发展。贯彻这些理念才能让学生产生学习的主动性，积极健康地成长。正如文中的韩老师运用适当的眼神来与学生交流一样，一切尽在不言中。

六、开门见山，直奔重点

释题切入法也叫开门见山法、直入法等。顾名思义，这种切入法就是上课伊始，教师直接点题、开宗明义，紧紧围绕对课题的理解，分析课题结构，了解文章的时代背景，介绍作者或课文主要人物的事迹，交代涉及课文内容的相关知识等，提出一些揭示教学目的、突破教学重点、难点的问题，从而触发学生思维的灵感，引燃思考的火花。

这就要求教师一开始上课，就从解析课文题目入手，讲明这节课需要学习的内容和要求，从而引起学生的注意。

【案例】

某中心学校的刘老师，在课堂切入上运用开门见山的方法，取得了良好的课堂效果。针对不同的课文，刘老师的做法不尽相同，让我们来看一看她在不同的课堂上，是如何在知识点的切入中正确运用"释题式"切入法的。

示例1：

在讲《月光曲》一文时，刘老师在黑板上写下课文标题《月光曲》，然后对学生说："单看标题《月光曲》大家想到了什么？"

一个学生说："在皎洁的月光下弹的一首曲子叫《月光曲》。"

另一个学生说："一首著名的钢琴曲的名字叫《月光曲》。"

刘老师说："你们说得很好，那么，谁能说说这篇课文主要讲些什么事？"

一个学生说："老师，我预习了，课文讲的是传说《月光曲》是怎样写成的。"

刘老师说："对了。"同时板书"传说"二字。刘老师接着问："同学们想想，什么叫传说？"

那个学生接着说："传说就是民间流传的故事。"

刘老师点点头，笑着说："很好，这篇课文主要讲传说《月光曲》是怎样谱成的。音乐家写曲子叫谱曲，谱成就是写成。课文中讲的事情是传说，既然是传说，那就可能是真，也可能是假。它是群众中传说的故事，既然是故事，那一定有个完整情节。根据你们过去学过的课文，像这样的文章，作者一定会按什么思路来写呢？"

学生齐声回答道："可按事情的起因、发展、高潮、结束来写。"

刘老师接着说："对，既然是一篇传说故事，咱们就应该顺着这个思路来读。现在请同学们打开书，你们听老师读课文，把不明白的地方记下来。"

示例2：

在讲《再见了，亲人》这篇文章的时候，刘老师也采用了释题法："同学们，今天我们讲新的一课。"板书："再见了，亲人。"刘老师看看大家："谁和谁再见呢？他们为什么是亲人？"

前排个头最小的同学说："亲人，是中国人民志愿军对朝鲜人民的称呼。志愿军给了朝鲜人民无私的援助，在抗击美帝的斗争中，他们同生死，共患难，亲如一家，所以称为亲人。"

刘老师动情地说："你回答得非常好！我们中国人民志愿军1950年入朝的时候，他们看到的是满目焦土、遍地火光。志愿军立即投入紧张战斗，和朝鲜人民一道共同打击美国侵略者。经过三年浴血奋战，严惩了侵略者；志愿军还帮助朝鲜人民在废墟上重建了家园。在共同战斗中，两国人民结下了深厚的感情。八年相处，今天分别，两情依依，难舍难分。我们今天要学的这篇课文写的就是中国人民志愿军在1958年归国的时候，朝鲜人民依依相送，大家话别的场面。"

示例3：

讲《飞夺泸定桥》一文的时候，刘老师点了点黑板上的题目说："同学们看了这个题目，能知道课文介绍了一件什么事吗？"

一个女生说："老师，我知道，这里讲的是在毛主席的领导下，红军克服重重困难，夺取了泸定桥。"

刘老师说："你回答得差不多。还有谁能再加上时间，说得更准确些？"

另一个学生说："长征途中，在毛主席的亲自指挥下，红军克服重重困难，夺取了泸定桥。"

刘老师说："很好，那么红军夺桥的目的是什么？是为了占据这个桥吗？"

学生纷纷说："是为了过桥，为了北上抗日。"

刘老师很高兴，说："夺桥为了北上抗日，北上抗日就必须过这座桥。那么我们看看作者是按照什么思路来写的？"

后面的一个大个子学生说："按照'为什么过桥，怎么过桥，过去了没有'的思路写的。"

刘老师："对，按事情发展顺序写了'为什么要过桥，怎样过桥，过去了没有'。回答得很好，那么为什么要过桥呢？"

学生说："因为要北上抗日，泸定桥是北上抗日必经之路。"

刘老师看到学生的注意力都集中在课文上，于是接着说："对，文章一开头就明确指出泸定桥是必经之路，必须从这里过。然后写怎样过的呢？文章题目是'飞夺泸定桥'，我们一看'夺'，马上就知道了什么？"

有一个学生说："泸定桥有重兵把守。"

刘老师很高兴地说："对了。一看'夺'就知道有敌军，有我军，还能知道过桥会怎样呢？"

学生说："难。"

刘老师点了点头："对，再加上一个字叫'难'。最后过去了没有？"

学生说："过去了。"

刘老师说："尽管很难过桥，但是最后红军过去了。那么文章的重点放在了哪个部分？"

学生抢着说："在第二部分'难过'上。"

刘老师说："对，因为它是'飞夺泸定桥'。夺桥就行了，为什么还要用'飞'字呢？'飞'体现了什么？"

一个心直口快的女生说："表示快，表示巧妙。"

另一个男生也抢着回答说："一个表示快，一个表示地势险要不好过。"

刘老师笑着说："到底这个'飞'字表示什么，我们带着这个问题，学习完就知道了。"

刘老师运用释题切入法，分别在三次新课开始时来切入教学。讲授《月光曲》的时候，直接从标题来切入，引相关的故事和乐曲来带领学生分析课文；讲《再见了，亲人》一文时，从"再见了"和"亲人"两方面来解释，引出学生对抗美援朝战争历史的回顾，进而切入课文；在讲《飞夺泸定桥》的时候，刘老师抓住题目中的题眼来重点分析，把这一课需要重点理解和掌握的知识点一一提出，让学生在进入新课之前，就在脑海中有了一个知识框架。

标题是课文的眼睛，是学生接触文章的第一步，好的标题对课文具有画龙点睛的作用。从开门见山、直奔重点的教学目的中揭示和突破教学的重点、难点问题，以触发并引燃学生的思维灵感和思考的火花，此法之妙，可见一斑。

七、把握提问时机

有经验的教师在教学过程中常常以精心设计的提问启迪学生

的思维，激发他们的求知欲，促使他们积极参与学习，帮助他们理解和掌握知识，为学生发现疑难问题、解决疑难问题提供桥梁和阶梯，引导他们一步步打开知识的大门。

课堂提问不仅可以开拓学生思路，启迪思维，还有助于发挥教师的主导作用，调节教学进程，活跃课堂气氛，促进课堂教学的和谐发展。课堂提问更是课堂中最普遍的师生互动方式，它能帮助教师了解和把握学生的学习状况，调控课堂教学。精彩而有效的提问能使教学有声有色，提高课堂教学的质量。

【案例】

课堂提问是一项设疑、激趣、引思的综合性教学艺术，它既是教师素质的体现，更是教师教学观念的体现。下面是王冬英老师和刘宝丽老师教《小狮子爱尔莎》一课时的教学片断，从中可以看出把握课堂提问时机的重要性。

在第一次教《小狮子爱尔莎》一课的课堂上，王冬英老师以观看狮子独立捕食的录像导入，然后问学生："看了录像，你想用哪几个词或哪句话来说说狮子？""狮子在你的印象中是怎样的？"在学生读通读顺课文之后，王老师提问："录像中的狮子是凶猛的，可爱尔莎在'我'的眼中是什么样的呢？它有什么特点呢？"学生围绕教师提问默读课文，有的边读边想，有的边读边画。在充分思考之后，学生争先恐后地谈起自己的看法来。当学生谈到第五自然段的最后一句"它好像听懂了我的话，撒娇似的吮着我的大拇指，用头蹭着我的膝盖，鼻子里发出轻轻的哼声"时，王老师问："你平时是怎样在父母面前撒娇的？"一名学生回答："我让爸爸给我买东西爸爸不答应时，我会拉着爸爸的手，边甩边说：爸爸，我要嘛，我要嘛。"同学们都笑起来，老师因势引导学生有感情地朗读课文，一时间，教室里书声琅琅……

［评：王老师在课堂上设计的"爱尔莎在'我'眼中是什么样的呢？它有什么特点呢？"这种目标明确的中心问题，牵一发而动全身，抓住了文章的关键，有效地引导学生分析理解课文，体会文章的情感。］

在第二次教学中，王冬英老师对教学环节和流程做了较大改动，给了学生更多的时间朗读课文。在初读感知的环节里，教师要求学生读准字音，画出难读或喜欢的句子，多读几遍。有这样一段对话：

师：谁愿意把想读的句子读给大家听？

生1：我喜欢这一句：它那蒙着蓝薄膜的小眼睛睁开了，那水汪汪的眼珠滴溜溜地转。

师：同样喜欢这一句的同学再来读一读。（生2读该句）

师：比较两名同学读的，你发现了什么？

生3：我发现生2读得更有感情一些，他读出了小狮子的可爱。

师：是这样的，请同学们再来读读这一句。

师：还有哪些同学想读一读其他的句子？

生4：我觉得这一句很难读："我用鞭子着（zhe）实教训了他一顿。"这一句中的"着（zhe）实"读起来很别扭，而且我也不知道这个词是什么意思。

（师伺机板书"着实"，指名读）

生5：这个词读"着（zháo）实"。

师：是的。还有没有其他难读的句子？

…………

［评：在初读课文、整体感知的环节中，教师就要求学生在读出相关句子之后做出"是否有感情"的评价，显然时机不当。对于三年级学生而言，读通读顺课文是初读时的基本目标，而"有

感情"则是在学生分析、感悟文本之时逐步做到的。正因如此，王老师课中"初读感知"的环节时间过长，以至于后面分析课文的时间过紧，教学任务未能完成。同时，学生能在课堂上提出不懂的问题，实是难能可贵。而教师未予以充分重视，甚至连学生读错的"着（zháo）实"也未纠正，贻误了培养学生质疑精神的良好时机。］

在刘宝丽老师第一次执教《小狮子爱尔莎》的课堂上，学生围绕刘老师提出的中心问题"爱尔莎是一只怎样的狮子呢"分析理解课文。读到爱尔莎"洗澡"一段"它看我蹲在河边，故意扑腾起浪花，还用前爪轻轻地把我扑倒在地上，十分高兴地和我开玩笑"时，教师问："看到这种情景，你觉得他们像一对什么呢？"学生的回答五花八门：像朋友、像母子、像伙伴、像亲戚，甚至词不达意地说"像子女"。接着学生往后分析到"换牙"一段："爱尔莎开始换牙的时候，像孩子一样张开嘴给我看。我轻轻地摇动它快要脱落的乳牙，它闭着眼睛，一动也不动。"教师又发问："此情此景，它们像一对什么？"学生答："像母子。"

［刘老师前后几次提出"它们像一对什么"的问题，使课文分析或学生体验情感有迂回现象，也由于这个问题在"洗澡段"出现得不够恰当，导致分析效果欠佳。］

第二次执教时，刘老师以"你喂养过小动物吗？你给它取过名字吗"导入新课，三位学生分别作了回答，喂过小兔子、小鸭、小狗，学生有的凝听，有的偷笑，气氛轻松、活跃。

在分析到爱尔莎抓伤驴子的内容时，刘老师问：想象一下，主人是怎么训斥狮子的呢？

生1：边挥鞭子边说：我叫你欺负人，我叫你欺负人！

生2：爱尔莎呀，它可是我们的好伙伴，你伤害了它们，谁给我们驮行李呢？以后可不许这样了哟！

在分析作者要把爱尔莎送回大自然，两者难舍难分时，刘老师问："三年来，它们已经情同母子了，可是为什么又面临这种分别呢？"生答："爱尔莎是野生动物，大自然才是它的家。""作者越是爱爱尔莎，就越是应该把它送回大自然。"

［评：导入新课时激发学生的学习兴趣是十分重要的，它对整节课效果的好坏有着直接的影响。刘老师在开课时提出问题，创设情境，通过对比或类比来达到吸引学生阅读兴趣的目的。在分析理解课文的过程中，通过"想象作者是怎么训斥狮子"的问题，引导学生产生联想，把学生带到真实、具体的情境中，从而引领学生进一步体会文章情感，引起感情上的共鸣。］

"抓时机提问题"是教师在教学中把握时间度的问题。

小学生的思维没有主动性，必须通过一定的手段，才能激发他们的积极思维，而课堂提问是教学中反馈学生掌握情况的最常用手段，它是一种教学方法，也是一门艺术。

王冬英老师在第一课时教学中的提问堪称绝妙，牵一发而动全身，抓住了文章的关键，将文章的所有问题归为一个问题，由这个问题将其余拎出来，有效地引导学生分析理解课文。刘宝丽老师在第二次教学中提出的问题也很好，抓住了重点，适时地将学生导入情境，有效地激发了学生的学习热情。

但如果提问方法用得不妥，就很难起到它的作用了。如王冬英老师没有很好地掌握学生阅读方面的理论，她不知道读通读顺课文是初读时的基本目标，而"有感情"则是在学生分析、感悟文本时逐步做到的，而且她没有正视学生提出的问题，错失了培养学生质疑精神的良好时机。刘宝丽老师在提问时，使课文分析有迂回现象，这属于教学事故，是提问法没有掌握好。

所以说，教师一定要把握好提问的时机，这样不仅可以及时检查学情，开拓学生思维，还有助于活跃课堂气氛，促进课堂教学的和谐发展。

八、注意表达方式

教师讲课的语调、音量、节奏的变化能够调节课堂气氛，吸引学生的注意力。声音不平淡，抑扬顿挫，才能使教师的讲解、表述富有情趣，使重点突出。同时声音的变化也可以用来暗示注意力不集中的学生，使他们重新专注起来。

【案例】

为吸引学生注意力，某教师在上《沁园春·雪》时采用配乐朗诵的方式，伴随着录音机播放的气势磅礴的乐曲，有节奏地抑扬顿挫地朗诵。

师：北国风光，千里冰封，万里雪飘。……（学生全神贯注，沉醉于伟大豪迈的诗篇之中。上阕抒情时，教师用声音的变化来暗示，注意音量放大，节奏抑扬突出。）

师：面对如此多娇、壮美如画的大好河山，作者引发了哪些联想？这一联想与雪景有怎样的联系？

（这样，暗示了注意力不够集中的同学，他们自觉地调整坐姿，开始思考教师提出的问题。）

教学中教师的声音抑扬顿挫，快与慢适度变换，不仅有利于激起学生思维的波澜，而且有利于培养学生果断、利落的作风。

九、留点话让学生说

有经验的教师上课，总会留点时间给学生发挥，留点话给学生说。通过学生的表达，教师可以了解学生对所学内容的掌握程度，可以知晓学生的疑问，可以发现解决问题的关键，进而采用恰当的方法提升课堂教学的效果。

【案例】

一天下午，初二（1）班语文课正在有条不紊地进行……

"我们刚才复习了小说的人物描写，知道人物描写通常分为直接描写和间接描写。所谓直接描写是指直接刻画人物的语言、行动、外貌和心理等；所谓间接描写是指通过别人的反映或环境的描写，从侧面烘托人物。为了检验大家是否掌握，老师将一段课外的古诗朗诵给大家听，请大家判断一下。"

"行者见罗敷，下担捋髭……耕者忘其犁，锄者忘其锄，来归相怨怒，但坐观罗敷。"同学们声音洪亮地回答道"间接描写"。

"很好！"我带着欣赏的目光予以表扬后话锋一转："为什么青年人也好，老年人也罢，行者也好，耕者也罢，这么多人见到罗敷以后，都不约而同地停下脚步去'观罗敷'，这说明了什么呢？"一个学生洋洋自得地说："好色！"这一下班里沸腾了，还有几个"不怀好意"的学生起哄，课堂秩序一下子混乱起来了。说实在的，我当时勃然大怒，很想发火，想教训教训这个不知天高地厚的家伙，但职业的理智告诉我，这个学生顺口说出"好色"二字，很可能是说者无心，听者有意。所以与其大发雷霆，给对方一阵疾风暴雨式的呵斥，不如先冷静下来稳定课堂秩序，然后因势利导，引导学生如何鉴赏文学作品，课后再私下找那个"调皮鬼"。

短暂的停顿之后，我在黑板上写下"好色"二字，并在"好"字下加上了着重号："同学们，'好'字有两种读音，第三声和第四声，如果是动词，读什么音？请组词。"同学们不知我葫芦里卖的是什么药，齐声回答："动词读第四声，如爱好、喜好、好逸恶劳、好大喜功。"此时课堂秩序稍稍稳定了。"如果是形容词,读什么音?请组词。"我见同学们已经转移了注意力,步步追问。"形容词读第三声,如好坏、好人、好主意、好方法。"同学们好像忘了刚才的喧闹,非常认真地回答道。"很好!通过刚才的那段文字,大家能否用一个词概括罗敷的特点?""好看。""美丽。""漂亮。"……同学们争先恐后地回答起来,我连忙说:"大家说得都很对,常言说,爱美之心——"

"人皆有之。"同学们异口同声,且面带微笑。

艺术需要留白,教学同样需要"留白"——留点话给学生说。案例中的教师在面对教学过程中的突发状况时,没有选择大发雷霆,而是顺着学生的话题,让学生主动表达,通过巧妙的引导转移学生的注意力,进而激起学生浓厚的学习兴趣,从而变被动为主动,将一场影响教学质量的风波化于无形。这个案例既展现了教师娴熟的教学技巧,更体现了"留点话给学生说"的巨大作用。

十、走到学生中间

当今社会,学生获取知识的手段和渠道多种多样,学生希望解答的问题千奇百怪、层出不穷,教师在今天的学生面前已经没有以往的优越感了。古人云:"师不必贤于弟子,弟子不必不如师。"身为教师,要敢于承认这种现实,并能正确对待。

走下讲台当教师,不仅是观念上的更新,更是教师角色的一种转换,既然照本宣科式的讲解已被证明不是有效的手段,苦守三尺讲台的坚忍也不能换来累累硕果,那么走下讲台当教师就成为一种明智的选择。走下讲台当教师,到学生中去,了解他们的所思所想,倾听他们的内心独白,真正做到把课堂还给学生,可以进一步调动学生的学习积极性，使之能够畅所欲言，各抒己见。教师走下讲台，近距离地面对学生，可以更深入地了解学生的特长，只要用心观察，就会发现每名学生身上都闪动着一种灵光。

【案例】

传统的教室中，讲台是不可缺少的，它总是教室中最起眼的一张桌子，比学生的课桌要高、要大，似乎象征着教师的威严和高高在上。新的音乐课程观认为："音乐教学应该是师生共同体验、发现、创造、表现和享受音乐美的过程。"既然是"共同"的，那作为音乐教师就应该俯下身来，倾听学生的心声，走下讲台，感受学生的思想。教师一定要在课堂教学中大胆和三尺讲台说拜拜，着力营造轻松民主的课堂气氛，建立平等和谐的师生关系，使师生真正地融为一体。

镜头一：

教师站在讲台前严肃地提问："请说出《命运》的曲作者并简单介绍他的生平。"讲台下面是一张张严肃的小脸和举起的寥寥几只小手，有知道答案却不想说的，有不知道答案却会装老实的，更多的是怕说错挨批评的……"×××，大家都在思考，怎么又是你在做小动作？站起来，给我站到讲台前，谁再开小差，就上来和他做伴。"

课堂里鸦雀无声，就连刚才已经举起的手也慢慢放了下来，个个都呆若木鸡般地坐着，教师除了再来一次狂风暴雨般的批评外也无可奈何……

镜头二：

原来的讲台没有了，取而代之的是和学生差不多高的小课桌，教师走到了学生中间："孩子们，老师想和你们一起表演《小兔乖乖》，我演老狼，你们演小兔，OK？""OK，耶！"伴着《小兔乖乖》的音乐，师生欢乐地唱着、跳着、笑着……有只小兔"掉队"了，教师轻轻走过去，像老狼一样夸张地龇牙咧嘴一番，"小兔"红着脸加入了大家的表演队伍……

没有了讲台的音乐课堂，让教学更轻松，让学生更富有个性。马蹄形、半圆形、梅花形……学生的座位并非一成不变，而是根据教学的需要而随时变换，让学生们时时有新鲜感。作为教师既是组织者、指导者，更是参与者，与学生一起歌唱、一起思考、一起舞蹈、一起绘画……和三尺讲台说拜拜后，音乐课堂才能灵动飞扬。

美国教育家杜威曾说过："教师不应该站在学生面前上课，而应站在学生后面。"细细体会，笔者觉得他说得非常有道理。教师站在讲台上，居高临下，以一对众，与学生遥远，怎能亲近学生，与学生沟通呢？正如案例中的镜头一，这是传统的教学方法。教师站在讲台上提问，首先给学生居高临下的感觉，而且拉大了教师与学生之间的距离，再加上严肃的表情，使学生认为这位教师不亲切，也不平易近人。这种教学会使学生产生一种胆怯心理，即使知道答案也不敢说。这样的教学便大大降低了教学效果，而换一种方式，如镜头二的这位音乐教师，她走下讲台，走到学生中去，和学生一起表演《小兔乖乖》，老师扮演老狼，学生扮演小兔，伴着音乐，师生融在一起，在轻松、愉快的氛围中学习，其乐融融。在这样的教学中，教师千方百计地促使课堂成为开放的系统，让课堂成为学生生活的一部分，让活动成为学生参与课堂教学的主要形式，真正体现学生是学习的主体，而教师是课堂的组织者、指导者、参与者。

【案例】

今天的语文早读课，班干部王×在讲台前维持纪律。看到学生们有的在写字，有的在看书，我也就拿着《小学语文教学》在教室里边巡视边看书，看到王×的座位空着，我便顺势坐下来，细细地品读起来。

"老师，这个字我写不好，帮我写一个好吗？"陈×在一旁小声地说。"行啊！"我说着拿起他的写字本。嘿，这是陈×的笔迹吗？他平时习惯快速书写，字总写得有些潦草，为此我跟他谈过几次。刚谈过的那几天，好一些，可过几天又是一副老面孔。我曾笑说有些字在他那里被毁容了。今天拿起他的写字本，我还真怀疑拿错了，字迹端正潇洒，焕然一新。我帮他书写好后，他又认真地书写起来，那专注的神情久已不见。

我举目四望，今天教室里出奇的静，许多同学在专注地看书，也有不少在认真地练字，尤其是坐在我周围的同学都沉浸在书海中，时不时有同学过来询问书中不理解的词句，还有同学让我帮他们写一个范字……

"老师，你坐到我们中间真好！"张×是一名活泼可爱的小女孩，总是那么心直口快。"那我以后多坐到你们中间！""坐我边上！""坐我边上！"……看着同学们兴奋的笑脸，我心里的暖流也荡漾开了，此刻我发现我们彼此之间是多么融洽！一次不经意的举动让我收获喜悦，看来教师有时间应该多走到学生中间去，坐到学生的位置上，进行角色互换，作为他们的一分子一起学习，一起讨论。这样，拉近了教师与学生的距离，让学生放松心情，带着轻松愉快的情绪去感受，去学习。如果教师坐到学生中间休息，能更好地增进师生之间的沟通、了解，可以及时解决学生学习中出现的问题。

走下讲台，坐到学生中间，松开学生们的翅膀，静享一份"流连戏蝶时时舞，自在娇莺恰恰啼"的春光吧！

新课改要求教师做学生的合作者，不再以知识权威和道德权威的角色出现。常言道："亲其师，信其道，乐其学。"所以，教师要乐于走下讲台，不仅是身体要走下来，心灵也要跟下来，全身心地融到学生中间去，与学生一起交流，与学生一起活动，与学生一起学习。如上面案例中，这位教师在一次不经意中走到学生中间去，坐到学生的位置上，让学生感到了这位教师的平易近人、和蔼可亲。学生就乐于把这位教师当作自己的贴心人，有什么话愿意跟她讲，有什么问题愿意向她问。所以在教学中，要善于角色互换，让学生走上讲台，教师走下讲台。教师走到学生中间去，坐到学生位置上，和他们一起聆听"小老师"的授课，观赏"小演员"的节目，参与到他们的讨论中去，作为他们的一分子一起学习。这样才能拉近师生间的距离，让学生在轻松、愉快的氛围中学习。

十一、帮助学生"认错"

生命是一个成长的过程。人在这一过程中难免会犯错，对于学生来说更是难以避免。我们应该允许学生犯错，犯错并不可怕，知错能改，就是一大进步，关键在于怎样对待学生的错误。

自尊心和耻辱感是促进学生产生自我教育愿望的直接情绪因素，是进行自我教育的前提条件。一个人有了自尊心和耻辱感才会自爱、自重，做了错事才会自责。因此，教师要注意保护学生的自尊心，利用他们的耻辱感进行正面引导，使他们真正从内心深处受到教育，改正自己的错误。

【案例】

语文课，我走进教室后，发现讲台旁边有许多碎纸片。

　　"是哪名同学撕的废纸？"我走上讲台，随口问了一句。顿时，同学们的目光不约而同地集中到黄×身上。

　　"老师，这些废纸是黄×扔的。"

　　"不是我！"

　　"老师，我们刚才在教室玩时，看见他撕的。"

　　"我没有！"

　　教室里一下子沸腾起来，同学们你一言我一语，议论纷纷。我看在眼里，什么都明白了。这时，我完全可以把这个"顽固分子"——黄×拉出来，当着全班同学的面狠狠地批评一顿，但转念一想：这样做又有什么好处呢？真能起到"杀一儆百"的作用吗？我何不因势利导，把坏事变成好事呢？我把目光投向全班，平静地说："谁扔的纸片并不重要，主要是大家都要自觉地保持班级的环境卫生，让卫生流动红旗永留我们班。哪一名同学愿意做环境小卫士把纸片捡干净？"我的话音刚落，几乎全班同学都把小手举起来。我又说："大家这么爱集体，关心班级，老师很感动。你们愿意做好事的精神值得老师学习。这么多同学举手，该让谁来做呢？"这时，黄×站起来说："老师，让我来捡吧！"我笑着对他说："好！"他马上跑到讲台前把地上的废纸片捡得干干净净，我用赞许的目光看着黄×，然后对大家说："黄×真能干。为了班级的卫生，他不怕脏、不怕累，一个人把纸片捡得干干净净，给大家做出了榜样，我们每一名同学都要养成自觉保持卫生的好习惯。"

　　下课后，我回到办公室，黄×就来到我身边，低着头，不好意思地说："老师，纸片是我扔的，以后我再也不乱扔东西了！"看着他那天真而又自责的样子，我轻轻地抚摸着他的头，脸上露出欣慰的笑容。

每个人都有自尊心，孩子的自尊心就像花瓣中的露珠一样，一碰就会碎，教师应该精心地呵护学生的自尊心，不能让其受到伤害。针对这个案例中黄同学所犯的随地乱扔纸的错误，这位教师的做法就很好。他并没有当着全班同学的面批评黄同学，虽然他也知道这事就是黄同学做的，而是因势利导，让每个同学都争做环境保护的小卫士，主动把纸捡起来。这样不仅教育了一名同学，还使其他人也都深受影响，在教师润物细无声的点化下，学生们在潜移默化中受到教育。

批评最好的方式就是能让对方切实体会到自己所犯的错，并主动积极地去改正。案例中的这位老师就很好地做到了这一点，值得每位同仁借鉴和学习。

【案例】

学生犯错误不承认，是个棘手的问题。教师说服批评甚至训斥，往往收效不大，学生依然如故，有的甚至变本加厉。那么，有没有其他办法既让犯错误的学生承认错误，又能使其心悦诚服地改正缺点呢？教师要结合教学实际，循循善诱。

在最近的一次作文批阅中，在批到学生A的作业时，我发现他本次的作文大有改观，句子表达通顺，文章揭示的道理也有一定的深度。对此我产生了怀疑。因为A的作文一向很糟，往往是匆匆忙忙写完，词不达意的，怎么一夜间就判若两人？我先是不动声色地给了他100分（而实际上我早就跟学生约定好：老师发现你的文章出处有问题时才给100分）。当我把作文本发给学生时，他的同桌眼尖口快，已把消息传开。待我看A时，他却在委屈地掉眼泪，嘴里还嘀咕着说："是我自己写的。"

后来，我把A叫到办公室，先表扬他作文写得好，A很得意，丝毫没有改正错误的意思。接着我给他讲了个故事："从前有两只松鼠，一只叫大豆，一只叫小豆，它们比赛画画，谁画得好，谁吃松果。结果大豆总是画得又好又快，而小豆总是画得又慢又差。有一次，小豆趁大豆不注意，撕了大豆的画贴在自己的画板上，于是它得到了吃松果的奖励。你说，它偷了别人的画还引以为荣，当它吃松果时心里会是什么滋味？"

A的脸色渐渐变白。

"A，你喜欢不诚实的小豆吗？"我问。

"我也不喜欢大豆……"A涨红了脸，"大豆画得好，每次松果都给它，小豆也想画好，可它画不好，不但吃不到松果，还挨批评。"

这时，我明白了，A由于平时被批评得太多，已经产生了逆反心理。其实，他也想做好，只是由于基础差不能做好而已。看来，他是太需要表扬和鼓励了。于是，我继续开导A说："小豆想吃松果是对的，但它应该勤奋作画，即使绘画基础差一点，也应该笨鸟先飞，用自己的努力去争取获得吃松果的机会，而偷别人的画是错误的。"

"A，昨天我们刚学过一篇课文，叫"诚实的孩子"，写列宁小时候打碎了姑妈家的花瓶后，主动承认了错误的事，姑妈还表扬他是个诚实的好孩子，对不对？"

"对。"A说。

"那你想不想让老师表扬你是名诚实的学生呢？"

"想。"

"那你是不是一名诚实的学生呢？"我抖了抖手里的作文本。

A沉默了好一会儿，终于鼓起勇气，承认了错误。

小学低年级的学生，年龄小，思想单纯，用此种方法引导，既能让他承认错误，又能使他得到鼓励，这比一味地批评训斥效果要好得多。

上述案例中的这位教师巧妙地引用了一个与学生犯错相似的故事让学生自己分析，然后正视自己的错误。在这个过程中，教师要学会倾听学生的真实想法和辨析出学生为什么会犯错的原因。

我们经常说"事出有因"，也就是说凡事必有其原因。这名学生基础差不能做好，但又想得到教师的表扬，所以就抄袭了作文。他积极向上的愿望是好的，但方法不对。这个时候就需要教师能及时地发现问题，并且能够寻根探源，对学生进行正面引导，及时而有效地给需要帮助的学生一个改过自新的机会。

十二、兼备慧心、恒心与耐心

对"差生"的教育转化工作是教师责无旁贷的任务，是工作的重点，"差生"的教育转化直接关系到教育的成败，影响到素质教育的实施，影响到班风、学风、校风。对待"差生"，有些教师放任不管，使"差生"的队伍越来越大；也有不少教师费了九牛二虎之力，总是事倍功半，最终任其发展，造成教育恶化。作为新时期的教师，对"差生"要充满信心，对他们的教育要有耐心，并持之以恒，用热烈的爱帮助他们，激励他们进步，用信心、耐心、恒心、爱心把他们逐步引上"正轨"。

"差生"的转化不可能一蹴而就，因为它一般经过醒悟、转变、反复、巩固、稳定的过程。对他们的教育要抓反复、反复抓，既要积极，又要稳妥，切勿急于求成，更不寄希望于侥幸。只要教师确立信心，树立恒心，富有耐心，拥有爱心，找准时机，方法恰当，那么"差生"转化的难题就会迎刃而解，昔日的"差生"也会成为国家的栋梁之材。

【案例】

作为一位著名的教育家，苏霍姆林斯基对他的后世同行们带来的影响不言而喻，在我的心中，其形象甚至犹如神祇，那些优秀的教育思想给了我莫大的帮助。如今，再读苏霍姆林斯基，不由感慨。

犹记初为人师，我惶恐地发现，在小学教育中，英语作为非主要学科，往往处于一种被忽视的配角地位，多数学生认为小学英语仅仅意味着热闹的活动，轻松而无所谓的考核。英语课成了素质教育中锦上添花的装饰，这似乎背离了素质教育的初衷。难以想象，学生抱持这样的学习心态如何能培养出哪怕起码的健康心理？从苏霍姆林斯基的著作中我看到了应该为之努力的方向。将心理教育有机地融入小学英语教学，成了我不断探索的问题。几番摸索，我在实践中取得了几点体会：培养学生良好的心理素质，正确对待英语学习，需要教师多付出一些爱心、一些慧心、一些恒心。

刚教英语时，我就接手六年级，有的学生由于知识断层而无法参与课堂教学，自知在学习上难以有所作为，又不甘心被人瞧不起或被人忽视，故有强烈的引起别人重视的欲望。加之是毕业班，学生语数课业负担相对较重，于是借"副课"宣泄。这种学生在课堂上常有异常举动，他们或自找"消遣"，或寻机捣乱，以找碴为能，引他人注意为乐。有一名学生就在我上第一堂课时给了我个下马威："老师，你教英语，那你知道世界上最著名的三大游戏公司是哪三个吗？游戏里有不少英语哦！"片刻惊诧之后，我的脑海里闪过了苏霍姆林斯基的话："有时宽容引起的道德震动比惩罚更强烈。"于是，我镇静而诚恳地说道："谢谢你对我的信任！但是，很遗憾，我不知道。我可以在课后查阅资料，下次再告诉你答案，好吗？"第二堂课上，我将上网浏览的结果公布后，那名学生站起来说："老师，对不起，我其实是知道的，我和同学们是想考考您，我们错了！"我没有生气，反而笑了："你们都没有错，老师理解你们，这种对陌生人的怀疑和好奇其实是一种很好的学习动力，这说明你们都是好学的孩子。"事后我了解到，原来他是这个班的班长，可惜严重偏科，长期不重视英语。自开学的小插曲后，我以诚挚的态度赢得了学生们的首肯和喜爱，无形中使他们学到了豁达、宽容、理解和尊重，这个班长也对英语产生了浓厚的学习兴趣，并且带动了其他同学。

爱心架起通向知识殿堂的虹桥。只培养学生的学习兴趣，是远远不够的，还需要教师以智慧铺路，采用多种教育教学方法帮助学生脚踏实地学习知识，在学习中获得成功的体验。我牢记苏霍姆林斯基的告诫："真正的教育智慧在于教师经常激发学生体验学习快乐的愿望。"

曾经教过一个叫何××的二年级小男孩，他是一个典型的"双差生"，其顽劣程度不仅让家长头疼，在学校更是达到了几乎人尽皆知的地步。在担任他们班的英语教学前，我进行了充分准备，仍不免忐忑，怀着对苏霍姆林斯基的观点的坚信——"每一个儿童都是带着想好好学习的愿望来上学的"，我走进了教室。意外的是，第一堂英语课，小家伙的表现很好，遵守纪律，反应灵活。我惊讶地发现他居然有不错的英语底子。困惑之余，灵光一闪，我意识到，这名学生其实和大家一样，渴望成功与肯定，下课后我悄悄地与何××进行单独谈话，验证了我的想法。这个孩子很清楚他在别人心目中的印象，但他不满意这样的结果，他也盼望借机改变，可是由于缺乏良好的习惯和自我约束，他的努力往往功亏一篑。其实，他的家长同样从事英语教学，虽然没专门给他开小灶，但长期的耳濡目染使他对英语学习有本能的兴趣。想到苏霍姆林斯基说过："成功的欢乐是一种巨大的情绪力量。它可以促进儿童好好学习的愿望，请你注意无论如何不要使这种内在的力量消失。缺少这种力量，教育上的任何巧妙措施都是无济于事的。"一个大胆的想法在我的脑海中迅速成型，我与小家伙达成"君子协议"，即：他每上好一节英语课，我就负责向一位学校教师或者外班同学"打广告"，宣传他的进步。苏霍姆林斯基认为："每个孩子的内心深处都有他自己的一根弦，发出自己的调子，因此，要想让那颗心与我的话语相呼应，就得使我们自己能和上这根弦的调门。"他闪亮的眼神给了我信心，我想我找到了他的"调门"。果然，这个钩钩小手指的举动改变了这个孩子。每堂课后，他都要询问我对他的评价如何，我又帮他向谁"广而告之"了。渐渐地，何××尝到了学习英语的甜头。于是我趁热打铁，让他担任英语课代表，并激励他——能学好英语也定能学好其他学科，通过培养"我能行"的自我效能感，让其感到学习有劲头。短短一学期的努力，就使他的学习面貌发生了较大变化，更赢得了家长和同学们欣喜的认同。

我还专门设立了进步奖，帮助学生建立"自我竞争"机制，引导他们将今天的"我"与昨天的"我"进行比较，力求实现"今天比昨天好，明天比今天强"；同时，鼓励学生与在学习上具相同能力的人进行"平等竞争"，这种竞争给他们指出努力的方向，同时能逐步确立"他能，我为之则亦能"的信念。我尽量避免对学生的直接批评，而是采用语言暗示，引导学生自我发现，自我完善。比如：有的学生比较胆小，不爱回答问题，我会找机会让他们回答力所能及的问题，使他们获得成功的喜悦，并且强调，如果他（她）能多回答问题就更棒了；有学生不遵守纪律时，我会表扬遵守纪律的同学，无形中为孩子树立了榜样，而孩子需要榜样恰好甚于批评。正如苏霍姆林斯基所说："促使儿童学习，激发他的学习兴趣，使他刻苦顽强地用功学习的最强大的力量，是对自己的信心和自尊感。当儿童心里有这股力量的时候，你就是教育的能手，你就会受到儿童的敬重。"我当然不是教育的能手，但我想，我已经赢得了学生的敬重。

罗杰斯认为："人天生就有好奇心，有寻求知识的需要。"在合适的条件下，人所具有的学习潜能就能发挥出来。只要教师愿意让学生自主学习，学生就会在教学过程中形成适合自己的自我成长的最佳方法，这需要教师减少"规定"，留点"自由"给学生。因此，我从不硬性要求学生必须完成作业，或者必须将考卷带给家长签字，而是将这些与量化了的平时成绩挂钩，告诉他们，按时上交作业可以得到几颗星的奖励。学生并不像我最坏打算的那样对我的要求熟视无睹，反而认真完成。在他们心目中，每一颗"星"都是自己学习成果的见证，是最好的奖赏。而学生的进步与成长又何尝不是对教师工作的最好回报？

在四年多的教学实际中，我坚持每堂课开课前在黑板上画好分大组比赛的五星竞赛标志，坚持在课后评出冠军大组并在每位冠军大组成员的英语书上盖上五星印章，坚持在学期结束时将比赛成绩与期末成绩挂钩。长期坚持的努力换来的是任课班级学生对英语学习的长期热爱，学生兴趣得到了保持。同时，这种分大组比赛的竞赛方式，合理地融合了竞争与合作，调动了群体的愉悦情绪，实行整体推进，有利于塑造学生完美的人格，促进学生发展。

为了更好地让学生感受英语的魅力，我不惜花费大量的业余时间查阅各类资料，结合学生的知识缺口，在每堂课上精心设计介绍一点英语文化知识，用异域情调吸引学生的关注，同时以新带旧，以旧促新。

"使所有学生包括差生都得到发展"，这是苏联教育家赞科夫在《教学与发展》一书中，把学生的一般发展作为教学的出发点，提出的五大教学原则之一。教师在实际的教学过程中要特别关注"差生"这一特殊群体。只有这部分学生得到了真正的发展，才不至于出现两极分化的严重后果，才能使教学工作成为统一和谐的整体。

年轻的教师大多会遇到类似的"下马威"，但要沉着，用机智的方式去处理这种小插曲，用宽容的心去了解学生、分析学生，用真诚的爱心去感染学生，去引导学生，赢得尊重与敬佩。在对待"差生"时，要深入学生当中，通过沟通与对话找到根源所在，对症下药，培养起学生的自信心和奋斗意识。用竞赛的活动方式，合理融合竞争与合作，调动学生的学习积极性，促进学生全面地发展，达到"使所有学生都得到发展"的目的。这是值得提倡的，以慧心、恒心与耐心，期待硕果。

十三、恰当使用课堂语言

"要想让课堂有着春天的希望，教师的语言必须有阳光的味道。"苏霍姆林斯基如是说。而这种阳光的语言应该是温暖的，是和煦的，却又必须能够提供生长的能量，能给予生长拔节、蜕变茁壮必要的滋养。

俗话说："话有三说，巧说为妙。"对于一个孩子成长过程中产生的错误，教师应该用呵护的眼光来看待，也许错误会成为他们前进的阶梯；用宽容的语言去包容错误，错误就会催动真知的诞生。千年以前的圣人之语已经告诉我们：保护不等于包庇，尊重不等于纵容，强调鼓励并不意味着教师不分对错，全都说好。良好适当的评价语言必须具备激励、导向和递进的性质，三者互为一体，不可分离。也就是说，教师应在关爱中给予引导，在鼓励中包含指正。

【案例】

这是著名特级教师于永正老师上《翠鸟》一课的教学精彩片断。

学完《翠鸟》的一、二两段，准备开始学第三段。这时，于老师发现小庆先是打了个哈欠，继而又与同桌小声说话。

于老师把他叫起来，十分认真地说："小庆，请你去逮一只翠鸟。"

小庆茫然不知所措。于老师再次认真地说，"你一定要去逮一只翠鸟，请不要推辞。"

"到哪儿逮呀？"他可怜巴巴，紧皱眉头，不知如何是好。其他同学也都神色惘然。

"你看书嘛！大家都读第三段，看看到哪儿去逮，看出来以后，告诉小庆。"

大家忙低头看书。还没等别人发言，小庆就抢着说："翠鸟不好逮，它住在陡峭的石壁上，洞口很小，里面又深，谁上得去呀！"而这，正是第三段的内容。无疑，小庆已读懂了。

于老师哈哈大笑，问："知道为什么让你去捉鸟吗？"

小庆不好意思地低下了头："因为我和同学说话。"其他学生都笑了，于老师说："是不是还有点犯困？逮翠鸟这个光荣而艰巨的任务你虽然没有完成，却帮助同学读懂了第三段，功不可没！同学们，第三段告诉我们的正是翠鸟的住处……"

于老师不愧是教育大家！面对课堂上犯困、和同桌说话的学生，他没有批评指责，而是一本正经地让他去逮翠鸟，借助这样一个幽默的举措，既帮助大家理解了课文内容，又使疲劳的学生精神为之一振，课堂气氛轻松活跃，可谓一箭双雕。

由此可见，表扬和批评是一把双刃剑，用得恰当、巧妙，可以为你在教育教学中披荆斩棘，开出一条明朗的路来；反之，则不仅激发不了学生创新的热情火花，更甚者会挫伤他们幼小的心灵！

本节课的亮点是于老师运用巧妙的语言把课堂上不适宜的行为转化为教育和激励学生的一个环节。于老师不吝啬自己的表扬，从而将学生引导进入了一个良好互动的学习氛围中。

教师适当的表扬的最终目的在于使学生由外在激励转为内在激励，对学生的行为给予积极的正面强化，要"发现学生的闪光点"而不是视而不见，赏识学生哪怕点滴的进步，奖励适宜的行为，以更积极的眼光看待学生。

于老师在教学过程中对学生的走神没有采取视而不见，更没有采取批评和惩罚，相反，他对学生进行良好的评价，运用诙谐幽默的语言，使课堂氛围变得活跃，更重要的是增强了该生的自信和学习兴趣。

在很多情况下，学生的"不良行为"会受到大多数教师的注意，而学生积极的一面往往被忽视，而于老师将学生的失误和不当行为转化为激励学生的一种手段，是正确评价学生的结果，也是于老师艺术教学的一个体现。

【案例】

经常在公开课后听到教师这样的抱怨声："这些学生真笨，这么简单的问题都回答不上来。""明明知道的，也不肯举手，真是气死我了！""学生启而不发，只好我一个人唱独角戏了！"……

学生错了吗？能怪学生吗？造成课堂冷场的原因是多方面的，可能是师生间没有找到共同认可的契合点，也可能是学生害怕答错而拒绝质疑，抑或是学生对文本不熟悉不能有效参与。还有一个重要的原因是什么呢？请看下面的一则案例。

一位教师在执教国标课本第七册《徐悲鸿励志学画》中的一段"徐悲鸿的生活十分清苦，他只租了一间小阁楼，经常每餐只用一杯白开水就两片面包，为的是省下钱来购买绘画用品"时，有这样一段对话：

师：请大家好好读读这一段，看看你从中体会到了什么。（一名学生举手，教师让其回答）

生：我想问个问题：徐悲鸿每餐只吃那么一点东西，他不会饿出毛病来吗？

师（露出失望的神情）：你听清楚老师刚才的问题了吗？坐下去！

（学生不好意思地坐了下去，整节课再也没有吭声）

生：我觉得徐悲鸿生活十分清苦。

师（表情严肃地追问）：仅仅是生活清苦吗？

（学生语塞，其他学生不举手了）

师：徐悲鸿为了提高自己的画技，宁愿过着清苦的生活，你们感受到了徐悲鸿为祖国勤学苦练的精神了吗？

看了这个案例，我们会感到一份深深的失落。在案例中，教师武断的评价无疑给第一名学生"当头一棒"，极大地伤害了他的自尊心、自信心。第二名学生虽然没有答在点子上，但老师没有评价，更没有给予鼓励和点拨，因此造成了其他学生的语塞，课堂上出现冷场也是难免的了。新的教学理念要求教师能艺术地评价学生。其实，教师在评价第一名学生的回答时，应该说上这样一句话："瞧，你读得真仔细呀！还提出了不明白的问题，真是个爱动脑筋的孩子！"然后，教师不妨趁机点拨："徐悲鸿不顾身体健康省下钱来购买绘画用品，究竟是为了什么呢？"毕竟学生是具有发展性的，教师应不断地为他们的发展提供有利的条件，激发他们的学习热情，创造机会让每一名站起来发言的学生都体面地坐下去。另外，学生只要在课堂上思考了，无论想出了什么新花样、新点子都没有错，作为教师应给予肯定，并给以真诚的鼓励、巧妙的点拨。

南朝教育家颜之推指出："人在年少，神情未定，所与款狎，熏渍陶染，言笑举动，无心于学，潜移暗化，自然似之；何况操履艺能，较明易习者也？"

在本案例中，执教者的不当之处在于课堂的师生互动交流中没有做到引导和激励学生，反而用武断的语言压制了学生的思维发挥，从而影响了课堂的氛围，也影响了教师教学水平的发挥。

教师在教学中不能以压服为主，搞强迫命令以力服人的教育方法，应采取说服为主，激励和表扬为辅的教育方法。因此，在语言上，教师在讲解课文内容的同时要以富有启发性和说服力的语言对学生进行引导和启发，使学生更有兴趣地活跃在课堂中，从而带来很好的教育效果。

教学工作应具有科学性，也要具有艺术性，学生良好的个人发展是学校整个教育教学工作的结果，也是教师的综合修养和教育艺术的结晶。

参考文献

［1］杨花. 你按照儿童的思维思考问题了吗［J］. 人民教育，2002（2）.

［2］Donald R.Cruickshank，Deborah L.Bainer，Kim K.Metcalf. 教学行为指导［M］. 时绮，等译. 北京：中国轻工业出版社，2003.